돈 벌게 해주는
돈 버는 세무사

고객과 시장을 선점하는 상위 1% 세무사 성공 노트

돈 벌게 해주는 돈 버는 세무사

초판 1쇄 인쇄 2023년 3월 30일
초판 1쇄 발행 2023년 4월 6일

지은이 전기주

발행인 백유미 조영석
발행처 (주)라온아시아
주소 서울특별시 서초구 효령로 34길 4, 프린스효령빌딩 5F

등록 2016년 7월 5일 제 2016-000141호
전화 070-7600-8230 **팩스** 070-4754-2473

값 17,500원
ISBN 979-11-6958-047-2 (03320)

고객과 시장을 선점하는 상위 1% 세무사 성공 노트

돈 벌게 해주는 돈 버는 세무사

전기주 지음

RAON BOOK

프롤로그

나는 다시 돌아가도 세무사가 될 것이다

수험생 시절, 가장 궁금했지만 누구에게도 하지 못했던 질문이 있었다.

'세무사 시험 합격하면 괜찮을까?'

막연했던 이 질문에 숨은 마음은 '세무사 합격 후에 얼마 정도 벌 수 있을까?', '내가 예상하는 정도의 소득을 얻기 위해 얼마나 많은 노력이 필요할까?', '영업이 중요하다던데 나같이 사람을 대하는 재주가 없는 소극적인 사람도 할 수 있는 직업일까?' 정도였을 것이다. 당시에 나는 이런 질문에 답을 줄 수 있는 세무사를 알지 못했고, 답해줄 사람을 찾아보려는 생각조차 못한 채 시험 준비가 시작되었다.

대학 생활과 취업 준비를 해나가면서 나는 지쳐 있었고, 언제까지 해야 끝날지 모르는 취업 준비의 도피처를 찾아야만 했다. 그때는 "요즘 취업 준비 잘하고 있니?"라는 질문에 "세무사 시험을 준비하고 있어요"라고 대답할 수 있다는 점이, 그 명쾌함이 최적의 도피처가 되어주었다. 하지만 합격한다 해도 먹고살기가 쉽지 않으리라는 생각은 너무도 빨리 찾아왔다.

합격 통지를 받고 며칠 뒤, 나를 멀리서 응원해 주셨던 고등학교 때 담임 선생님께 감사 인사를 하기 위해 학교로 찾아갔다. 선생님과 합격의 기쁨을 나누고 있을 때 한쪽에서 다른 학교 관계자들의 쑥덕거림이 들렸다. "세무사 그거 합격해 봐야 요즘 너무 많아서 돈도 못 벌낀데, 뭐 인사까지 하러 왔는고"라는 이야기였다. 그들끼리 조용히 한 이야기였지만, 그 대화는 비수가 되어 공기를 타고 날아와 내 가슴에 정확히 박혔다.

서글펐다. 그들의 이야기가 진짜 사실인 것 같아 두려웠다. 학교를 찾아가기 며칠 전 삼촌과의 통화가 떠올랐다. "시험 합격해도 그다지 재미없을 거야. 차라리 변리사 시험공부를 더 해보는 게 좋을 듯하다." 전화로 들었던 삼촌의 조언과 학교에서 들은 그들의 쑥덕거림이 합쳐져 세무사 자격증의 불확실성은 기정사실이 되어 버렸다. 나는 쑥덕거림을 반박하는 어떤 이야기도 할 수 없었다. 경쟁이 심화되고 있는 자격사 시장에 대한 뉴스만 머리에서 맴돌 뿐이었다.

나의 합격을 위해 어머니는 절에 가서 백일 동안 합격을 기원하셨다고 한다. 그렇게 합격을 기원하며 절을 하느라 어머니의 무릎은 지금도 성치 않다. 그래도 내가 세무사 시험에 합격할 수 있었던 건 기도와 절을 했기 때문이고, 이 모든 것은 조상의 은덕 때문이라며 미소 짓던 어머니의 얼굴이 떠올랐다. 세무사가 무슨 일을 하는지도 모르는 누군가로부터 요즘은 돈 못 번다는 이야기로 무시당하는, 고작 이런 직업을 가지기 위해 그렇게 노력을 했던 것일까? 채 시작도 하지 못했는데 회의감이 먼저 찾아와, 내 온몸을 휘감고 놓아주지 않았다.

그러나 합격 후 1년도 채 지나지 않아 내 삶은 달라지기 시작했다. 그리고 10년이 지난 지금 나의 모습은 누가 보더라도 '참 인생 행복하게 사는구나' 하고 느낄 정도로 부러움의 대상일 것이다. 학교에서 "세무사는 돈도 못 벌낀데"라고 말하던 이들은 지금 나의 모습을 소문으로 듣고는 어딘가에서 "자격사는 역시 자격사구나"라고 쑥덕거리고 있을지도 모른다.

세무사 시험을 준비하고 있는 학생, 직장인 그리고 합격한 세무사 모두에게 말하고 싶다. 예전의 나처럼 막연하게 '괜찮을까?' 하는 불안감을 가지고 있다면, 그에 대한 답을 해주고 싶었다. 세무업계는 여전히 매력적인 시장이고, 당신의 노력을 배신하지 않을 것이니 열심히 준비해도 좋다고. 시간, 돈벌이 어느 하나 빠지는 것 없이 충족시켜 줄 수 있는 것이 바로 세무사라는 직업이다. 합격 후에 제대로 된 방향만 잡는다면 말이다.

이 책은 합격 후에 어떤 노력을 해야 할지, 어떤 생각을 가지고 일해야 할지를 알려주고, 또 내가 경험해 알고 있는 내용을 공유하고 싶은 마음에서 썼다. 모쪼록 세무사 자격증을 가지기 위해 노력하는 이들에게 동기 부여가 되기를 바란다. 그리고 이미 세무사로 활동하고 있는 이들이라면 이 사소한 책에서 어떤 내용이든 하나라도 얻어가기를 바란다.

내가 말할 수 있는 분명한 것은 이 하나다. 나는 다시 과거로 돌아간다 하더라도 지금처럼 세무사가 될 것이라는 점. 모두의 건투를 빈다.

전기주

차 례

2장 START
창업 시 반드시 챙기고 가야 할 태도

3장 RUSH
시스템으로 운영하고 발상의 전환으로 발전하기

4장

SPURT
매출을 10배 성장시키는 영업 루틴 7

5장

GOAL IN
차이를 가져오고 체인지업 하는 8가지 차별화 전략

1장

세무의 담을 넘다

우리의 세무는 안녕한가

침하되는 시장

세무사 시장을 받치고 있는 기둥들이 흔들리고 있다. 이미 어떤 부분에서는 무너져 있을지도 모른다. 세무사회에서나 혹은 몇몇 세무사들이 분명히 그 기둥을 지키려는 노력을 하고 있고, 그것이 그나마 빠르게 침하되는 것을 막고 있는 상황일 것이다.

비단 세무 시장만 그런 것은 아니다. 모든 산업과 경제의 패러다임이 변형되고 있다. 사람들의 사고가 바뀌는 것을 보면 변화의 기로에 있다는 것을 더 잘 알 수 있다. 아침 7시에 일어나 대중교통을 이용해 회사로 출근하던 사람들, 몇 년 아니 수십 년을 같은 개찰구에서 같은 시간에 마주쳤던 그들의 생각은 바뀌었다. 사람들은 이제 지옥철을 타고 2시간씩 이동하는 피로감을 안고 일하려 하지 않는다. 근로자들이 익명으로 대화하는 채널에서는 재택근무를 없애고 다시 사무실로 출근하라는 회사의 지시에 분노하는 글들이 올라온다. 복지가 사라진 회사를 그만두고 이직해야겠다는 성토가 쏟아진다.

이런 상황에 기성세대는 MZ 세대의 특수성을 이해해야 한다고 말한다. 특수하다니, 무엇이 그러한가? 사람이, 아니면 그들이 다니고 있는 회사가? 아니면 사회가? 문제의 이유를 알 수 없는 상태에서는 어떤 이해도 할 수 없을 텐데, 어떻게 특수하다 정의하고 문제라고 인식하라 하겠나. 분명한 것은 하나뿐이다. 산업이 변했든, 아니면 노동 공급이 변해 경제가 그에 맞춰 변화하고 있든, 어찌 되었든 패러다임의 변화는 이미 시작되었다는 것이다.

패러다임의 변화는 시작되었다

그간 세무사 시장을 지탱해 주고 있었던 것은 무엇일까? 그것은 개업하려는 세무사의 개업 이유를 보면 알 수 있다.

'처음 몇 년은 고생할 거야, 남들은 5년은 해야 한다고 하지만 열심히 하면 3년이면 고객사 100개 정도는 확보하지 않을까? 그럼 못 벌어도 1년에 1억 원은 벌겠지. 틈틈이 재산세 공부하며 경험하면 수천만 원 정도는 더 벌 수 있지 않을까? 그 정도 소득이라면 대기업 10년 다닌 사람보다 훨씬 많겠지. 거기에 신고 기간을 제외하고는 여가 시간도 많다고들 하잖아. 가족들하고 시간도 많이 보낼 수 있고 얼마나 좋아.'

세무사를 버티게 하는 생각이다. 우리는 이것을 꿈꾸며 버티고 있었던 것이다. 시간은 고객을 확보하게 할 것이고, 안정적인 소득을 발생시킬 것이라는 믿음, 그 속에서 가족과 함께할 여유 시간을 갖는 것. 그것이 세무사 시장을 지탱하고 있었던 마음이다.

지금은 꿈같은 상상이다. 내가 개업하려고 했던 10년 전에도 개업 세무사 중 절반 정도만이 개업할 때의 그런 꿈을 이룰 수 있었고, 나머지 절반은 다른 직종으로 전환했다. 혹은 공무원 시험을 보기 위해 다시 공부를 시작했다. 전쟁과 같은 시장에서 버틸 재간이 없었던 많은 세무사들이 수년간 꿈꾸었던 일을 포기하고 다른 방향으로 선회했다. 마치 절대 가지 말아야 하는 곳이라고 생각한 듯, 누가 보아도 세무사 시장의 그림자도 밟지 않겠다는 마음을 알 수 있을 만큼 전혀 다른 분야로 이직한 이들도 많다.

"세무사 시장은 어때?"라고 질문하면 모든 세무사가 "지금은 어렵다"라고 답할 것이다. 원래부터 세무사 시장 자체가 어려웠던 것인지, 아니면 정말 과거보다 어려워졌는지 알 수 없다. 사업하는 사람 대부분은 "요즘 어때?"라는 질문에 "좋아"라고 대답하지 않는다. 전에는 좋았는데 지금은 어려워졌다고 말한다. 그러나 2년 후에 같은 사람에게 똑같이 질문하면 그는 이렇게 답할 것이다. 그때보다 지금이 더 어렵다고.

그렇다면 정말 말뿐인 어려움일까? 아니다. 지금을 4차 산업혁명 시기라 부른다. 정말 산업은 변화했다. 모두가 그것을 안다. 최소한 지금은, 장사꾼에게 "요즘 어때?"라고 물었을 때 "먹고 살 만

합니다"라고 답하면 뒤에서 손가락질하는 것이 무서워, 둘러대듯 어렵다고 말하는 상황은 아니라는 것이다.

근로자도 마찬가지다. 최저시급은 과거 10년 전의 4,860원에서 2023년에는 9,620원으로 올랐다. 그렇다면 근무세무사의 처우는 나아졌을까? 근로자 역시 전보다 삶이 나아졌다고 말하는 사람은 없다. 근로자, 고용주 모두가 진짜 어렵다고 말하는 시기인 것이다. 지금도 수천 명이 지원하는 세무사 시험에, 이미 합격한 수천 명의 세무사들은 어떤 문제에 직면하고 있는가. 어떻게 살아남아야 하는가? 아니, 살아남을 수는 있는가?

왜 어려워졌을까

세무사 시장이 정말 어려운 상황이라면, 그 이유가 무엇인지도 생각해 봐야 할 것이다. 문제를 직시하고 진정한 이유를 알아야 해결 방법도 나올 것이기 때문이다.

가장 먼저, 세무사를 위기에 빠뜨리는 가장 근본적인 원인인 '고객사 확보'가 왜 이리도 어려워졌을까? 10년 전에도 고객사가 사무실에 찾아와서 계약하지는 않았지만, 그래도 시간이 지나면 자연스럽게 조금씩 성장했다. 지금은 시간이 지나면 세무사의 '마통(마이너스 통장)' 금액만 커질 뿐이다. 어떤 이들은 명의를 대여해서 세무사업을 하고 있는 사무장들이 고객사를 빼앗아가기 때문이라고들 말하는데, 그게 이유가 될 수 있을까? 명의 대여 사무장들은 본인의 명의로 하는 사업이 아니니 마치 본인에게 맡기면 장부에 가짜 비용을 많이 넣어 세금을 적게 납부하도록 해줄 것처럼 사장들을 현혹할 여지가 있다. 실제로 그런 방식을 내세워 수임하는 업체도 많을 것이다.

고객사 확보가 어려운 가장 큰 이유가 이들의 시장 잠식 때문일까? 답은 우리도 알고 있다. 명의 대여 사무장들이 잠식하는 고객사 수는 그다지 크지 않다는 것을 말이다. '세무사의 꽃은 개업이다'라고 말하는 것처럼, 사람들도 자기 사업을 해보는 것이 꿈이다. 명의 대여 사무장이 가지고 있는 거래처가 전체 사업자 중 차지하는 비율은 얼마 되지 않는다. 지금도 길에는 나의 잠재 고객이 될 수 있는 사장님들이 차고 넘친다. 이렇게 달콤한 시장이니, 꼼수를 부리는 명의 대여 사무장들이 더 활개를 치는 것이라고 생각해야 한다.

그렇다면 그다음 원인으로, 저가 기장을 영업하는 자들 때문에 정가 시장의 세무사들이 자리를 잃어버린 것일까?

얼마 전 고객사로부터 연락을 받은 적이 있다. "제가 문자를 받았어요. 부가세 신고를 33,000원에 해준다는데, 이게 가능한가요? 작은 음식점 하는 친구가 이걸로 신고한다고 하는데, 혹시나 싶어 문의해 봅니다"라는 연락이었다. 참고로, 33,000원이라는 저렴한 금액이지만 나에게 연락을 준 사장님은 그쪽으로 바꾸겠다고는 생각하지 않았다. 지금까지도 나의 고객사이니 말이다.

우선 현재 이루어지고 있는 프로그램을 활용한 저가 기장 영업은 영세한 사업자를 대상으로 하는 것이 대부분이다. 쉽게 말하면 기장하자고 하기 민망한 사장님을 대상으로 한다는 이야기이다. 복식부기의무자 정도의 수입금액 수준만 되더라도 프로그램으로 신고하는 것은 희망하지 않을 확률이 높다. 아마도 세금 신고 비용을 아끼기 위해 프로그램이나 앱을 만지작거릴 시간이 없거나, 그 시간이 아까워서가 첫 번째 이유일 것이고, 프로그램에서 신고 과정상 확인하는 내용이 있을 텐데 사장은 본인이 판단할 수 없다는 것을 알았기 때문일 것이다. 이런 이유로 프로그램을 활용한 신고는 대부분의 사장님들에게는 관심의 대상이 되지 않을 것이다.

세무사 수임료는 제자리걸음

그러면 33,000원을 받고 신고하도록 프로그램 회사를 조력하는 세무사가 누구인지 살펴보자. 저가 단가라도 받으면서 고객사를 확보하고 싶어 하는 사람은 어떤 세무사인가. 그가 막 개업한 세무사든 이제 자리를 잡아가고 있는 세무사든, 우리는 그에게 어떤 책임도 물을 수 없다. 당신으로 인해 전체 세무시장 수임료의 보편성이 흔들리고 있다고 도덕적으로 지탄할 수는 있겠지만, 세무사법에 위배되는 것은 아니기에 제약을 가할 수는 없다. 그렇게도 법망을 잘 피해서 장사를 한다. 돈이 남지 않아도 하겠다는데, 어찌하랴.

이들에게는 한계점이 있다. 적정한 대가를 수임하지 않으면 일에 지친다. 세무 문제가 발생하게 되면, 그것을 겪은 고객사는 세무대리인을 상대로 컴플레인을 제기함과 동시에 돈을 더 주더라도 일을 제대로 하는 다른 세무사를 찾게 마련이다. 즉 저가 기장 시장은 서비스를 지속적으로 개선하는 세무사에게는 두려움의 대상이 아니라 기회가 될 수도 있다.

고객사 수가 많지 않아도 수익성이 좋으면 괜찮겠지만, 소득 부분은 어떨까? 더 절망적이다. 모든 비용은 올랐지만 기장료는 제자리걸음에 머무는 수준이다. 2013년에는 20년 차 직원을 채용할 때 제시하는 연봉이 3천만 원대 중반 정도였다. 지금은 5천만 원을 준다고 해도 찾기 귀하다. 세무사들은 경력자들에게 질질 끌려다니기 바쁘다. 지급해야 할 급여도 늘었지만, 내가 사장인지 경력자가 사장인지도 모르는, 주객이 전도된 사무실이 널렸다. 그런데도 고객사에게 받는 돈은 여전히 10만 원이니 수익성은 전혀 개선되지 않고 있다.

물론 일부 세무사들은 고액 시장이나 컨설팅 시장으로 나가기 위한 노력을 하고 있다. 또 인터넷을 검색하면 나오는 세무법인들, 공격적인 마케팅을 하는 곳들을 보면 제시해 놓은 비용이 일반적인 세무사보다 고가인 곳들도 많아지고 있으며 이는 긍정적이다. 하지만 별다른 차별성이 없는 상태에서 처음 시작하는 세무사가 대형법인과 같은 정상적인 수수료나 그 이상을 받을 수 있을까? 이 문제는 나에게 있는 것인가? 아니면 최저시급을 인상한 정책에 문제가 있는 것인가?

4차 산업혁명이 가져올 세무의 내일은 안녕한가

AI의 발전은 세무사 시장을 망하게 할 것인가

세무사들은 두려움에 떨고 있다. 조만간 장부를 자동화할 수 있는 기술이 개발될 것이라고 생각해서다. 프로그래머들은 이미 대체할 기술은 개발되어 있는 상태고, 완벽한 대체를 위해 약간의 시간이 필요할 뿐이라고 말할지도 모른다. 그런데 이것이 정말 세무사 시장의 침하 이유일까? 나는 회의적이다.

얼마 전 자동차 수리를 위해 차량정비소에 방문한 적이 있다. 그 사장님은 자동차 수리에 베테랑이다. 누구나 인정하는 숙련된 전문가로, 원인을 알지 못하는 자동차 고장이 생기면 지역 사람들은 모두 그 정비소를 추천한다. 오랜만에 만난 그에게 안부를 물었더니 푸념 섞인 말을 한다.

"사장님, 저희 수리하는 사람은 곧 망할 겁니다. 전기차 늘어나는 속도를 한번 보세요. 우리같이 기름칠하면서 사는 사람은 전기차가 더 대중화되면 무얼 먹고 살겠습니까?"

정비소는 내연기관 차량을 대상으로 하는 전문 영역이지만 전기차는 배터리가 메인이기에 본인들의 시장이 사라질 것이라는 예측이다. 그러나 그의 고민이 간과하고 있는 사실이 하나 있다. '시기'의 문제다. 내연기관 자동차가 시장에 원활히 공급되기 시작한 것은 1910년쯤이었다. 자동차가 대량 생산될 수 있는 인프라가 구축되고 나서 현재까지 약 100년이 지난 셈이다.

한 세기 동안 내연기관 차들이 인간의 주요한 이동 수단을 맡아 왔다. 앞으로 전기차로의 변화는 분명히 이루어지겠지만, 우리가 생각하는 것처럼 수년 안에 그것이 완전히 이루어질 수는 없다. 이는 마치 가상현실의 세계가 온다고 다들 알고는 있어도, 그 시기가 그렇게 빨리 올 수는 없는 것과 같다. 거추장스러운 고글을 쓰고 가상 세계로 들어가는 것보다는 한 손에 들어오는 스마트폰을 만지는 것이 아직까지는 훨씬 더 편리하기 때문이다. 고글만큼의 몰입도를 주지는 못하겠지만 편리함을 이기지 못해서 대체 수단이 되기에는 시간이 필요한 것이다.

내연기관 차량도 마찬가지다. 자동차를 타고 5킬로미터만 가면 주유소가 있고, 가득 주유하는 데 몇 분밖에 걸리지 않는 편리함을 당장 전기차가 대체할 수 있을까? 아직은 먼 이야기에 불과하다.

사람들, 알아서 정답을 찾아주는 데 열광하다

테크 업계는 최근 챗지피티(ChatGPT)로 떠들썩하다. 챗지피티는 2022년 12월 1일 오픈에이아이 사에서 공개한 인공지능 챗봇이다. 이 기술에 떠들썩한 이유는 '알아서 정답을 찾아주기 때문'인 것 같다. 기존에는 네이버 등 포털 사이트에 키워드를 입력해 정보를 취합하는 과정이 필요했지만, 이것은 서술형으로 묻기만 하면 답을 내주므로 정보의 완성도가 처음부터 높다는 것이다.

나는 이것이 과연 전문가 시장을 대체할 수 있을지 궁금증이 생겼고, 이를 챗지피티에게 직접 물어보았다. "AI가 세무사를 대체할 수 있을까?"라고 질문했더니 챗지피티는 이렇게 답했다.

> AI는 데이터 입력, 계산 및 납세 신고서 준비와 같은 세무사가 수행하는 특정 작업을 자동화할 수 있는 잠재력을 가지고 있다. 그러나 AI는 세금 계획, 세금 전략 및 복잡한 세금 문제 해결에 필요한 비판적 사고와 의사 결정 능력이 부족하다. 세무사는 또한 세법과 규정 준수를 보장하고 아직 AI가 수행할 수 없는 세무 당국과 소통하는 데 중요한 역할을 한다. 따라서 AI가 세무사의 업무를 강화하고 업무 효율성을 높일 수 있지만, 가까운 미래에 세무사를 대체할 가능성은 낮다.

99%를 넘어서는 1%의 결정적인 힘

결국 세무 업무에서는 아직까지 먹고사는 데 AI가 영향을 주지는 못한다는 것이다. 언젠가는 AI가 전문가 시장 전체를 대체할지도 모르지만, 그 가능성은 낮다는 AI의 답변은 당연한 것인지도 모른다. AI가 업무시간의 단축에 도움을 주거나 정보의 취합에 도움을 제공할 수는 있겠지만, 결국 판단은 사람이 해야 하기 때문이다.

세무사 업무를 100으로 놓고 1년에 1씩 AI가 세무 업무를 완벽하게 대체할 수 있다고 가정해 보자. 100을 대체해 가는 과정에서 세무사가 불필요해질까? 100% 대체되기 전까지는 세무사가 AI 프로그램을 활용하는 시기가 이어질 뿐이다. 그 변화의 과정을 이끌 주체는 어디까지나 세무사이며, 세무사여야 한다.

시간이 많이 흘러 99%의 세무 업무가 AI로 대체된다 하더라도 가장 중요한 결정을 하는 사람은 1%의 판단을 내리는 세무사가 될 것이다. 훌륭한 세무사의 역할 1%는 어디까지나 '사람'이 하게 될 것이며, 그 사람이 전체 업무의 질적 완성도를 0에서 100으로 만들 것이다. 물론 그 과정에서 시간을 줄여주고 정보 검색을 돕는 역할은 AI가 다 할 테지만 말이다.

만약 100이 된다면 그 날은 언제가 될까? 정확한 시기를 예측할 수는 없지만, 가까운 미래가 아니라는 것은 확실하다. 설령 가까운 미래에 온다 하더라도, 세무사라는 직업은 여전히 존재할 것이라고 생각한다. 사람 몸의 장기를 모두 인공물질로 변경한다 하더라도 그 사람은 여전히 고차원적인 사고력을 가진 사람인 것처럼, 나는 AI가 세무 업무의 100%를 수행할 수 있다 해도 사람이 할 수 있는 모든 역할을 대체할 것이라고는 전혀 믿지 않는다. 사람이 하는 1%의, 그 결정적인 힘을 믿는다.

세무사도 양극화 시대

물론 세무 업무에서도 예전의 시장과 지금의 시장은 엄연히 다르다. 그래서 결국, 지금 모든 세무사의 여건이 최악을 향해 가고 있다고 보아야 할까? 대부분의 세무사가 밥을 벌어 먹고 살기 힘들어지고 있는 것일까?

현실은 전혀 그렇지 않으며, 오히려 정반대의 지표를 보여준다. 필드에서는 감당하지 못할 정도의 일을 수임하는 세무사가 넘쳐난다. 그들은 일이 너무 많아 힘들다고 푸념한다. 넘쳐나는 위험 속에서도 일이 많아 힘들다고 하는 배부른 세무사들은 계속 생기고 있다.

시장을 해치는, 내 밥그릇을 오롯이 지키기 어려운 사유들이 많아지고 있다는 생각은 맞지만, 우리에게 기회가 줄어들었다는 생각은 결국 틀린 것이다. 배부른 소리를 하는 세무사들과 당신 간의 격차가 생기고 있는 것일 뿐이다.

일이 너무 많아 힘든 세무사와 '도대체 돈 벌 수 있는 방법은 무엇인가?'라고 고민하느라 힘든 세무사 사이의 양극화는 어디에서부터 생기는 것일까? 1년에 1억 원을 버는 세무사가 있지만 한 달에 1억 원을 버는 세무사도 있는 것처럼 말이다.

모든 세무사가 한 달에 1억 원을 버는 세무사가 될 수는 없다.

대한민국에 사는 모두가 100억 원대 자산가가 될 수는 없는 것처럼 말이다. 하지만 우리 모두에게는 100억 원대 자산가가 될 수 있는, 그런 변화의 기회가 아직도 너무 많다는 것을 이야기하고 싶다. 더 힘들어진 것은 맞지만 시장의 기회가 없어진 것은 아니라는 것이다.

진짜 위험은 고객이 점점 더 '잘하는 사람을 찾으려 한다'는 점 아닐까? 이제 사장님은 세무 계약을 할 때 세무사 사무실과의 거리를 판단의 기준으로 삼지 않는다. 모든 것이 전산화로 이루어지고 있다는 것을 알기 때문이다. 거리가 선택의 기준에서 사라지는 순간 그냥저냥 세무사는 위험해졌다. 더 서비스를 개선하고자 노력하는 세무사와 경쟁해야 되기 때문이다.

근무세무사를 채용하는 대표세무사는 오늘도 잠 못 드는 밤이다. 제발 어디서 일 좀 깐깐하고 명쾌하게 하는 멋진 파트너 세무사를 구할 수 없는지, 알고 싶어 한다. 일은 많은데 제대로 할 수 있는 파트너 세무사가 너무 귀하다. 풍요 속의 빈곤이 여기에 있다.

챗지피티 시대의 세무사가 돈을 더 벌 수 있는 방법

풍요 속의 빈곤은 인력난에서도 벌어지지만, 매출을 결정하는 고객사의 숫자에서도 벌어진다. 그렇다면 세무사가 수익을 늘리기 위해서는 어떤 전략이 필요할까? 내가 이 질문을 추가로 챗지피티에게 했을 때 챗지피티는 나와 생각이 비슷한 전략을 내놓았다. 나와 챗지피티가 동시에 제안한 전략은 대략 다음과 같다.

- 틈새시장 공략: 국제 세금이나 고액 자산가 개인에 대한 세금 계획과 같은 과세의 특정 분야를 전문으로 하고, 그 분야의 전문가가 된다.
- 강력한 네트워크 구축: 다른 세무 전문가와의 네트워킹 및 고객과의 관계 구축. 이런 방식의 네트워크를 형성하면 고객 기반을 확장하고 수익을 높이는 데 도움이 될 수 있다.
- 추가 서비스 제공: 세금 서비스를 보완하고 소득을 늘리기 위해 재무 계획 또는 비즈니스 컨설팅과 같은 추가 서비스를 제공하는 것을 고려한다.
- 지속적인 지식의 확장: 세법과 규정을 최신 상태로 유지하고 기술을 향상시키고 수익 잠재력을 높이기 위해 과정이나 자격증을 수강한다.
- 경쟁력 있는 수수료 설정: 세금 서비스에 대한 시장 요율을 알고 그에 따라 수수료를 설정한다. 고객에게 제공하는 가치에 따라 고품질 서비스를 제공하고 수수료를 협상하는 방식도 좋다.
- 자신만의 실습을 시작하기: 세무 회계 회사를 설립하는 것은 수익성이 좋은 사업 기회가 될 수 있지만, 그것은 또한 그것만의 고유한 도전과 위험을 동반한다. 도약하기 전에 필요한 기술과 경험이 있는지 확인하는 일이 필요하다.

정말 망할 것인가

세무사 시장은 커지고 있으며 여전히 기회의 시장이다. 나의 고민을 제발 사달라, 돈은 충분히 지불하겠다는 사장님들이 넘친다. 그에 발맞춰 컨설팅 시장도 활성화된 지 오래다. 우리가 월 10만 원을 받고 있는 우리 고객사들을 바라보면서 연봉 10억 원의 컨설턴트들이 말한다. 뭐 이리 거저먹기 쉬운 시장이 다 있느냐고. 컨설턴트들은 팔짱 끼고 세무사들이 거래하는 고객사를 보고 있다. 그러면서 우리는 달랑 10만 원의 수임료를 받을 때 억대 수임료를 받는다. 이런 갭을 메우고 싶은 욕심이 들지 않는가?

다주택자들이 양도소득세 문제를 도움받기 위해 돈을 싸 들고 와서 "해결만 해주세요"라고 요청할 때 뉴스에서는 '양도세 포기' 세무사 이야기를 다룬다. 가산세가 무서워 양도세 업무를 취급하지 않는 세무사가 점점 많아지고 있다는 소식이다.

정말 세무사 시장은 망한 것이 맞는가? 그 답은 나를 비롯한 세무사들이 알고 있을 것이다. 나는 앞으로 다가올 세상에는 기존의 세무사와는 다른 무기나 준비가 반드시 필요하다고 생각한다. 그런 준비가 있어야만 살아남을 수 있기 때문이다. 세무의 담을 넘어 다른 영역까지 역할을 확장해야 하는 이유가 여기에 있다. 앞으로 이어질 글에서 세무의 영역을 넘어서야 하는 여러 가지 이유와 방법을 소개하겠다.

2장

START

창업 시 반드시 챙기고 가야 할 태도

천만 원짜리 시계를 차고 고급 정장을 입어라

왜 자꾸 차 한잔 하자고 할까

내가 세무 공부를 하기로 결심한 것은 친구가 회계사 1차 시험에 합격하고 나서였다. 친구는 시험공부를 해보니 너도 충분히 할 수 있을 것 같다고 용기를 주며 도전해 보라고 제안했다. 마침 나는 군대 입대 전 '올 F'를 맞아 학점 관리가 전혀 되어 있지 않았다. 친구의 말은 복구하기 어려운 대학 생활의 그림을 리터치하다 다시 새로운 도화지에 그림을 그릴 수 있도록 하는 계기가 될 것 같았다. 곧장 대학 동창인 한 친구와 낙원상가 근처의 원룸을 계약하고 공부를 시작했다. 원룸의 위치는 학원가와 식당이 5분 거리에 있는 곳으로 정했다.

당시 우리가 원룸에서 학원과 식당으로 이동하는 길의 풍경은 '나도 더 열심히 해야겠다'라는 다짐이 들게 했다. 원룸에서 나와

1분 정도 걸어가면 낙원상가 간판이 보이는 곳에 횡단보도가 있다. 횡단보도 뒤편으로는 떡집들이 모여 있었는데, 이른 아침 가게들에서는 떡 찌는 김이 모락모락 피어오르곤 했다. 그 많은 떡집 사장님들은 하나같이 참 부지런했다. 새벽 5시에 독서실로 움직일 때에도 환하게 불이 켜져 있었으니, 언제부터 준비를 시작했는지도 모르겠다. 그 이른 새벽부터 일을 한 것이 몇 년이나 되었을까 생각하면, 대단하다는 생각밖에 들지 않았다. 공부로 지칠 때마다 그곳에서 피어오르는 김과 사장님들의 부지런함은 내게 다시 시작할 힘을 주곤 했다.

어느 날 점심을 먹으러 낙원상가 앞에서 길을 건너려고 기다리는데, 누군가가 내 어깨를 툭툭 쳤다. 귀에 꽂혀 있던 스폰지 이어플러그(이 이어플러그는 소음을 막아준다)를 빼고 무슨 일인가 하고 돌아봤다. 젊은 두 남녀였다. 옷도 멀끔하게 입어서 길을 물어보려는 커플인가 생각하던 찰나, 여성이 나에게 "잠깐 차 한잔할 시간 있으신가요?" 하고 웃으면서 물었다. '남자와 여자가 같이 있는데 차를 마시자는 것을 보니, 우선 이 둘은 커플이 아니구나. 이게 말로만 듣던, 커피 먹자고 꼬드겨놓고 어디론가 끌고 가서 기도원 같은 곳에 감금한다는 그런 것인가 보구나' 하는 생각이 들었다. 나는 만날 책상에만 앉아 있고 운동은 하지 않으니, 어디 끌려가면 도망칠 근력도 없고 체력도 없다는 것을 알고 있었다. 손을 절레절레 흔들면서 죄송하다고 하고 그냥 걸어갔다.

그런데 그날을 기점으로 내가 식당으로 이동할 때마다 낯선 남녀가 나를 불러 세우는 일이 반복되었다. 어떤 날은 차를 마시자고 하고, 어떤 날은 길을 알려달라는 핑계를 대고, 어떤 날은 햄버거를 먹자는 등 이유도 다양했다. 나에게 '불순한 의도'로 말을 거는 사람들이 몇 번이나 되는지 세어보았더니 평균 세 번, 많은 날은 다섯 번도 말을 걸어왔다. 사이비 종교단체이거나 다단계를 할 것 같은 사람들이 왜 나한테 자꾸 말을 거는 걸까 하고 친구와 이야기하다가 친구의 옷차림새를 보고는 바로 알아버렸다.

"한석아! 내가 그 일 하는 사람이라도 우선 나한테 말 걸어서 기도원으로 데려가려 하지 싶다. 우리 말고는 다 정장 입고 손에 서류 가방 들고 다니는데, 당연하지, 암."

무릎이 늘어진 체육복 바지에 주황색 이어플러그를 귀에 꽂고 있는 나의 모습은 종로에서는 찾아보기 힘든, 군대로 치면 '관심병사' 같은 사람이었을 테니까 말이다.

합격하자마자 마이너스 통장을 만들다

세무사 시험 합격자 발표는 매년 10월이다. 그리고 12월 초에 서초에 있는 세무사회에서 집합교육을 열흘 정도 받고, 1월부터는 세무법인이나 일선 세무서에서 실제 업무를 맡아 수습 교육을 시작하게 된다. 종로에서 사이비 종교단체의 '관심병사'였던 나는 12월 집합교육을 시작할 때쯤 마이너스 통장을 만들었다.

당시에는 세무사 합격증을 받으면 담보제공 없이 1금융권에서

5천만 원 한도의 마이너스 통장을 만들 수 있었다. 여태 공부만 했던 학생이 돈이 어디 있겠나. 이 마이너스 통장으로 나는 나에게 두 가지 투자를 했다. 첫 번째는 고급 맞춤 정장이었고, 두 번째는 시계였다. 통장의 마이너스 대출 한도 5천만 원 중 3천만 원 정도를 이 두 가지를 갖추는 데 썼다.

역삼역 근처에는 고급 맞춤 정장을 파는 곳이 많이 있었다. 그런 곳에서 최고급 원단으로 옷을 맞추고 수제화를 제작했다. 시계는 백화점에서 잡지에 나오는 고급 브랜드로 샀다. 남들이 보면 지하철 타고 다니며 원룸에서 생활하는 사회 견습생의 허세 가득한 '헛짓'으로 보일 행동이었다. 누가 외양을 꾸미기 위해 자기 자신한테 그리 막대한 돈을 투자한단 말인가. 그러나 나는 스스로에게 하는 투자가 그 이상의 가치를 가져오리라고 확신했고, 이는 뚜렷한 수익으로 증명되었다.

나의 승부수는 '초기 투자'였다

동기들은 수습처를 구하기 위해 애를 먹었다. 직원이 5~10명 정도인 세무사 사무실을 운영하는 대표세무사 입장에서는 세무사 채용에 크게 관심이 없는 경우가 허다했다. 회사의 운영 노하우, 고객사를 관리하는 방법 등을 힘들게 가르쳐놓으면 퇴사를 할 것이 뻔했기 때문이다. 견습세무사 스스로도 근무세무사의 꽃은 개업 시장이라고 생각하고 있으니, 잘 알려주면 알려줄수록 빨리 퇴사할 인력인 것이 자명했다. 그렇다 보니 대안인 대형 세무법인에 입사하려는 견습세무사는 많고, 법인에서는 채용하고자 하는 인원이 적어 경쟁이 치열했다. 대형 세무법인의 수가 많지 않으니 당연했다.

당시 세무법인들에서는 수습 견습생에게 100만 원 정도밖에 주지 않았지만, 그래도 그렇게 치열했던 것을 보면 정말 자격증 하나 가지고 있다는 건 아무것도 아닌 것이다. 동기들과 술을 마시면서, 다들 합격하면 그때부터 고생길 시작이라더니 정말 우리가 그렇구나, 꽃길은커녕 월급 100만 원짜리 되는 것도 이렇게 힘들다니, 하면서 한숨을 푹푹 내뱉었다.

그런데 다들 그렇게 수습처를 구하기 힘들어할 때, 나는 지원한 모든 세무법인에 합격했다. 나는 그 이유가 '나에게 한 투자'에 있었다고 생각한다. 내가 입고 간 정장과 차고 간 시계는 면접 때 나를 옆의 지원자와는 다르게 보이도록 했을 것이다. 맞춤 정장의 소매 끝에는 내 영어 이니셜이 보였고, 소매 끝으로 나온 시계는 멀리서 보면 푸른 빛이 반사되었는데, 누가 봐도 명품이라고 알아볼 수 있을 정도로 눈길이 갔다. 이 두 가지 덕분에 나는 출발 때부터 스스로를 차별성을 가진 세무사라고 생각할 수 있었다. 그리고 이런 내 생각의 결과는 면접장에서 고스란히 자신감으로 나타났다. 면접장에 들어설 때부터 끝날 때까지, 나처럼 당당할 수 있었던 견습세무사는 없었을 것이다.

나의 투자는 '자신감'을 얻게 해주었다. 예전의 수험생에서 탈피해 전문가로서 시작하는 신호탄이었다. 그것은 단순하게 '할 수 있다'라는 자신감을 넘어, 전문가 집단 안에서도 차별화될 수 있다는 의식의 개선까지 가져왔다. 다른 동기들이 개업하고 몇 년쯤 지난 이후에 하는 '소비 투자'를 견습생 때 한 것이, 남들 눈에는 섣부른 결정으로 보였을지 모르지만 내게는 너무나 적절하고 효과 만점인 '적기'였던 셈이다. 돈을 벌고 나서 나에게 투자하는 것과 먼저 나에게 투자하고 나서 돈을 버는 것, 이 둘은 비용 면에서는 동일하겠지만 가져온 성과는 매우 달랐다. 수습처를 구하는 경쟁에서도 100% 성공했고 수험생에서 전문가로서 완벽하게 탈피하는 시점도 빨랐기에, 내게는 승부처가 되었던 것이다.

내가 입은 옷이 나를 성장시켜 준다

보이는 것이 전부라고 할 수는 없다. 오히려 비즈니스를 오래한 대표일수록 겉으로 보이는 것보다 그 내면에 깃든 '사람 냄새'를 느끼고, 그것으로 사람을 판단하게 된다. 사람 냄새라는 것은 생각, 행동, 말투 등을 말한다. 하지만 분명한 것은 내가 비즈니스를 할 준비가 되어 있는 사람으로 느끼게 하는 데, '보이는 아이템'은 도움이 된다는 점이다. 아니, 오히려 기본 중의 기본이라고 할 수 있다. 마치 장례식장에 갈 때 청바지를 입고 가지 않고 상복을 입는 것처럼 말이다.

전문가들은 '전문가'라는 타이틀 때문인지, 전문가로서의 이미지 메이킹에 거의 투자를 하지 않는다. 세무사 자격증이나 세무사 명함 한 장만 있으면 마치 전문가로 대접받을 준비가 다 끝난 것처럼 착각하는 경우도 많다. 하지만 초보일수록, 신입일수록, 이미지 메이킹은 필수다. 그렇게 했을 때 타인이 나를 보는 시선뿐 아니라, 스스로의 자존감과 자신감도 올라가기 때문이다.

내가 입은 옷과 내가 차는 시계는 허세나 겉멋이 아니다. 전문가의 이미지 메이킹은 그대로 투자 수익으로 돌아온다. 온전히 수익으로 돌아오는데, 하지 않을 이유는 없다. '내가 입은 옷이 나를 성장시켜 준다'는 의미는 안과 바깥 모두의 성장을 의미한다.

자, 스스로를 가치 있게 느끼도록 하거나 자신감을 일으킬 수 있는 것이라면 어떤 것에든 투자하자. 그것이 나를 성장시켜 줄 것이니.

창업부터 시작하라

반골의 탄생

내가 창업을 결심한 이유는 나의 '반골 기질' 때문이다. 내가 네 살 때부터 고등학생이 될 때까지, 우리 부모님은 경매장에서 소를 사다가 필요한 사람에게 파는 중개 사업을 했다. 경매장의 시작 시간을 맞추기 위해 새벽 2~3시가 되면 화물차에 시동을 켜고 경매장으로 출발했다.

"부르릉~" 하고 시동 걸리는 소리가 나면 나는 알람 소리를 들은 것처럼 눈이 번쩍하고 떠졌다. 그러고는 얼른 밖에 뛰어나가 나도 데려가라고 울고불고 난리를 피웠다. 그래서 동네에서 내 별명은 '전쟁고아'였다. 부모 잃은 고아처럼 길에서 애처롭게 혼자서 20분씩 우니, 전쟁터에서나 보던 장면이라며 동네 어르신들이 지어준 별명이라 들었다.

새벽에 일을 나가도 부모님이 집에 돌아오시는 시간은 오후 4시 정도는 되어야 했다. 새벽에 차를 몇 시간 운전하고 가서, 거기에서 산 소를 또 몇 시간이 걸려 배달하면 그 정도 시간이 되는 것이다. 그렇다 보니 눈을 뜨고 나서 유치원이 끝나고 부모님이 집에 돌아올 때까지 나는 계속 혼자 움직였다. 형과는 세 살 터울이어서 학교를 같이 다닐 수 있는 시기가 짧았다. 내가 유치원에 다닐 때 형은 초등학생이었고, 내가 초등학교 4학년이 되었을 때는 형이 중학교에 입학했으니 늘 붙어 다닐 수가 없었다. 그래서인지 어릴 때부터 나는 모든 것을 혼자 결정하고 책임지는 것에 익숙했다.

누가 시켜서 하는 일은 할 생각이 없었다

세무법인에서 세무사 수습을 시작한 1월이었다. 그때는 부가세 신고를 준비하는 시기였다. "전 세무사님, 잠시만요." 선배 세무사의 호출이 있었다. "이게 부가세를 전표상에 입력한 것하고요, vat 신고서상에 부가가치세액 원 단위 숫자가 맞지 않아서…. 왜 안 맞는지 찾아야 하거든요." 선배의 말을 들은 내가 곧 되물었다. "그 말씀은 입력되어 있는 프로그램의 전표와 공급가액 vat를 다 다운받아서 실제 영수증하고 대조를 한 번 더 하고, 그 이후에 vat 신고서상의 숫자와 맞는지 체크하라는 말씀인가요?" 내 물음에 활짝 웃으면서 선배가 이야기했다. "정확합니다."

이런 일이 생긴 이유는 신용카드 사용액을 프로그램에 입력하면 공급가액과 부가가치세액이 자동으로 분리되기 때문이었다. 그렇다 보니 영수증상 입력된 세액과 프로그램세액이 달라질 수 있었다. 엑셀로 '원' 단위의 vat를 추적해 일치시키는 작업을 했더니 부가가치세 납부세액에 98원 정도의 변동이 있었다. 이 작업을 하는 데 소요된 시간이 무려 하루하고 반나절!

부가세 신고가 끝나고 선배에게 물었다. "원 단위 숫자를 맞춰 98원의 변동이 있었는데 그게 세무적으로 중요한 의미를 가지는 건가요?" 그러자 선배가 대답했다. "허허, 시키는 거 하는 거지요 뭐." 나는 그때 생각했다. '역시 시키는 대로 하는 건 내 성격과 맞지 않아.'

사실 월급을 받는 세무사는 대표세무사보다 보는 시각이 얕다. 당연히, 대표세무사의 지시에는 이유가 있는 것이다. 그 일이 반복적이고 의미가 없어 보일지라도 말이다. 하지만 근로자가 계속 그렇게 구시렁댈 거라면 회사에게나 스스로에게 좋지 않다. 지시를 받아야 할 사람이 일하는 이유를 받아들이지 못하니, 나는 처음부터 누가 시키는 일을 할 사람은 아니었던 것이다.

어디에서 창업해야 할까

부가세 신고가 끝나자마자 나는 개업을 하기로 마음을 굳혔다. 창업할 장소를 구하는 것이 가장 먼저 할 일이었다. 나로서는 그 선택이 상당히 빨랐다.

우선 내 성향을 고려했다. 나는 원래부터 사람 많은 곳에서 사는 것을 좋아하지 않았다. 태어나 자라길 시골에서 자랐다. 학교를 서울에서 다니긴 했지만 번잡한 곳에서는 적응하기 어려워할 뿐더러 도심의 길을 걷기만 해도 스트레스가 쌓이는 타입이었다. 돈을 잘 벌 수 있는 곳인지 선택하는 문제를 떠나, 복잡한 곳에서 살고 싶지 않았던 것이다.

요즘 병원을 개원하려는 원장들을 보면 나와 비슷한 성향이 많다. 예전에는 개원지를 선택할 때 멀더라도 경쟁 병원이 적고 신규 환자 유입이 많을 수 있는 곳을 찾아가는 경향이 있었다. 지금은 다르다. 인구 30만 명 이하의 소도시 등에서 개원하는 것은 선호하지 않는다. 주거지 대부분이 대도시에 있기 때문이다. 또 본인 거주지에서 차로 한 시간이 넘는 곳은 돈을 벌 수 있는 확률이 높더라도 가지 않는다. 앞으로 이런 추세는 더 가속화될 것이다. 내가 번잡한 서울을 싫어하는 것처럼, 도심 주거지에서 먼 곳으로는 출퇴근하고 싶지 않다는 병원장도 자신의 성향에 따라 사업의 장소를 선택하는 것이다. 나는 어찌 되었든 도심지가 싫었기에 중소도시로 가는 것으로 정했다.

서울 말고 중소도시를 선택한다면 선택지는 두 가지 정도로 줄어들 수 있었다. 하나는 연고지인 김천에서 개업하는 것이다. 초등학교 때부터 고등학교 졸업 때까지 김천에서 자랐으니, 영업적으로 비빌 곳이 있지 않을까 하는 기대가 있다면 선택할 만한 지역이다. 실제로 처음에는 김천에서 해볼까 하는 생각도 했다. 그런데 이 문제로 김천에서 사업을 하시던 외삼촌과 상의했더니 이런 말을 하셨다.

"나는 지금 거래하고 있는 세무사도 있고, 너는 아직 좀 더 배워야 안 되겠나?"

아마도 아직은 나이도 어리니 경험을 더 하거나, 공부를 더 하라고 권하는 마음이었을 거라고 생각한다.

지인 없는 곳으로 가자

어쨌든 그 말을 듣고 한 가지 다짐한 게 있었다. '연고지는 피하자. 지인에게 기대게 된다'라는 생각이었다. 친지나 동창들은 세무사에게 일을 맡기면 자신의 전부를 보여주는 마음이 들어 꺼려지는데, 도와달라고 하니 외면하기는 어려운 진퇴양난에 빠지게 된다. 반면 세무사 본인은 도와주지 않아 서운한 마음이 든다. 연고지에서 개업하는 것은 마치 보험 설계사들이 처음 코드를 따면 가족과 친척들에게 세일즈를 하는 것 같은 상황인 것이다.

두 가지 요소를 고려해 선택한 것이 중소도시인 인구 50만 명 정도의 구미였다. 구미는 초등학교 때 우연히 한 번 와보고 이후로는 방문한 적 없는 아주 생소한 도시였다. 복잡하지 않으니 첫 번째 스트레스가 없고, 지인들이 전혀 없는 도시니 자립하며 성장할 수 있는 기초를 닦을 지역으로 적합했다. 더욱이 고객사가 될 가능성이 있는 회사가 많은 제조 도시여서 세일즈에도 좋은 조건이었다. 나는 구미로 내려갔다.

차별화 요소가 없는 세무사에게 지역은 상관 없다

2023년 현재, 누군가 내게 세무사 개업으로 적당한 장소가 어딘지 묻는다면 대도시일수록 좋다고 말해주고 싶다. 지난 몇 년간 세상을 혼란스럽게 만들었던 코로나19로 인해 비대면 수임이 훨씬 쉬워졌기에, 제주도에 있는 고객사라도 능력 있는 세무사가 있다면 어디에든 의뢰할 수 있는 환경이 조성되었기 때문이다.

혹자는 이렇게 반문할 수 있다. "아니, 그럼 대도시에서 박 터지게 해야 하잖아요. 중소도시로 가는 게 편하지 않을까요?"

이 질문에는 이렇게 답하면 이해가 빠를 것이다. 대도시에서 고객사 100개를 확보하는 데 5년 걸리는 세무사라면 중소도시에서 개업을 하든 세무사가 아무도 없는 지역에 가서 개업을 하든 5년 이상이 걸린다고. 고객사가 많은 곳에서 차별화할 수 없는 세무사는 고객사가 없는 곳에서는 더 정착하기 어렵다는 말이다.

서울과 같은 대도시에서는 창업과 폐업이 빈번해 신규 사업자의 공급도 많으니 경쟁력이 없어도 수임할 수 있지만, 지방에는 기존 업체들에 정착해 있는 사업자가 많다. 그러니 기존에 의뢰하는 세무사가 있는 상태에서 빼앗아 와야 하는 상황이 대부분인데, 경쟁력이 없으니 선택받기가 쉽지 않다. 오히려 더 어렵다고 보는 것이 맞다. 또 중소도시에는 사무실의 직원으로 채용할 인력도 적어,

인력을 유지 관리하는 데에도 상당한 애를 먹는다. 대도시라고 인력 운용이 쉬운 것만은 아니지만, 적어도 인력 공백이 생겼을 때 이력서를 받을 수는 있다. 반면 소도시에서는 이력서를 내는 사람조차 만나기 쉽지 않다.

출발이 빨라야 과정도 결과도 다르다

세무사는 창업 시장으로 빠르게 뛰어들수록 정착이 쉽다. 그러나 개업할 장소를 선택하고 언제 창업해 비즈니스 시장에서 승부를 걸어볼까를 판단하는 데 제일 중요한 것은 본인의 성격이다. 빨리 창업한다고 누구나 다 100% 성공으로 가는 것은 아니다. 만일 치열한 경쟁 상황에서 버텨낼 만큼 멘탈이 강하지 못하고 스트레스에 취약하다면, 처음부터 창업 시장으로 덤벼드는 것은 바람직하지 못하다.

이런 사람의 경우 경험이 쌓이면 창업이 가능해질까? 사실 이것은 근무세무사를 하면서 5년 정도 경력을 쌓는다 하더라도 바뀌지 않는 문제다. 내 친구 역시 10년간 회계사 일을 하고 나서 개업했지만, 결국 고객사를 영업하고 관리하는 일에 대한 스트레스를 극복하지 못하고 다시 일반 회사로 이직했다. 이런 것을 보면 창업이 빠른 것이 올바른 선택인지는 보장할 수 없다.

하지만 창업을 한다면, 빠르면 빠를수록 시장에서 안착하는 데에 시간이 적게 드는 것이 분명한 사실이다. 내가 스물여덟 살에 지인 한 사람 없는 구미라는 도시에 와서 6개월 만에 200개 이상의 고객사를 확보할 수 있었던 이유 중 하나도 창업을 빠르게 선택한 데 있었다. 만약 창업할 성격을 가지고 있는 세무사라면 개업을 주저하지 말라. 어차피 개업한다면 하루라도 빠른 것이 좋다.

영업하는 법을
배우고 나서 뛰어들어라

창업하는 세무사는 사냥꾼이다!

요즘은 거래처를 모아서 창업하는 경우가 많다고 들었다. 근무를 하면서 고객사를 확보하기 위한 영업을 같이 하는 것이다. 고객사가 되기로 약정했다면 창업하는 시점에 본인이 계약하고 가지고 오거나, 근무하고 있는 곳의 대표세무사와 협의해서 근무하는 동안에 본인이 관리하다가 퇴사할 때 가지고 나간다는 방식인 것 같다. 근무하는 곳의 대표세무사님과 협의만 된다면 둘 다 괜찮은 방법이다.

하지만 근무 중의 영업, 또는 창업하고 나서 실제로 영업을 할 때는 반드시 여러 걱정과 우려를 들을 수 있다. 예를 들면, 나는 2013년 10월에 개업하고 12월 초부터 하루에 3~5개씩 수임했다. 매일 하루에 미팅을 다섯 군데씩 했으니 당연한 결과다. 그때 지인

세무사로부터 "그렇게 많이 수임해 가면 다른 세무사들한테 찍힐 수도 있으니, 조금 찬찬히 하는 것도 생각해 봐라"라는 진심 어린 조언을 들은 적도 있다.

하지만 내 생각은 달랐다. 영업을 시작하는 세무사는 '사냥꾼'이다. 언제든지 본인의 강점을 내세워 하는 영업은 당연히 해야만 하는 것이며, 고객사 관리에 노력하지 않는 기성 세무사의 고객사를 수임해 올 수 있다. 창업 시장은 아마존과 같다. 정신 똑바로 차리지 않고 참새처럼 짹짹대고 있으면 독수리가 와서 잡아먹는 전쟁터다. 스스로 사냥꾼이라고 생각하고 시작하라. 내가 하나도 사냥하지 못하고 배가 고파 흙 파먹고 있으면 누가 와서 "아이고 참 불쌍타. 이거 맛있는 건데 내가 사줄게"라고 하는, 따뜻한 곳이 결코 아니다. 스스로 최고의 사냥꾼이 되겠다고 계속 되뇌어야 한다.

처음 시작부터 완전한 자립

한번은 지인인 세무사가 이런 고민을 이야기한 적이 있다.

"전 세무사님, 이번에 제가 퇴사하고 개업을 하는데, 맡고 있던 업체가 계속 저하고 함께 일하고 싶다고 해요. 계약은 조금 힘들겠다고 거절했는데도 고객사가 나를 따라서 오겠다는데, 어떻게 하는 것이 좋을까요?"

나는 고객사를 가지고 나오는 것은 하지 말라고 하고 싶다. 나와 함께했던 동료, 혹은 선배의 둥지를 떠나기로 하자마자 발톱으로 할퀴고 오는 것은 서로의 신뢰 관계를 너무 해친다. 나올 때는 언제나 다음 만날 때에도 서로 웃으면서 인사할 수 있게 하고 나와야 한다.

고객사를 가져간다고 해서 기존에 근무했던 곳의 대표세무사님이 손가락질하며 욕하기야 하겠는가. 오히려 "그간 고생 많이 했는데, 따르는 고객사 있으면 가져가서 보탬이 되길 바란다"라고 말할 확률이 더 높다. 그러나 내가 둥지를 떠나기로 하자마자 발톱을 드러내지 말라고 하는 것은 선배 세무사들을 비호하려는 게 아니다. 본인이 사업의 첫 출발을 더 호기롭게 하라는 말이다. 계약 몇 개를 가지고 온다고 해서 앞으로의 사업이나 고객사 확보에 대단한 도움이 되지는 않는다. 새로 시작한다는 마음, 완전한 자립을 하겠다는 마음으로 해라. 그게 20년 이상 해야 할, 우리가 가져야 할 바람직한 생각이다.

그래도 창업할 때 일정 부분 고객사를 계약해 놓고 시작하고 싶다는 마음은 누구나 자연스럽게 품을 수 있다. 나 역시 그 마음을 너무나도 잘 안다. 첫 개업부터 맨땅에서 시작하려면 조심스럽고, 또 어디서부터 영업을 하고 어떻게 꾸려가야 할지 막막할 수밖에 없으니, 몇 개라도 가지고 시작하고 싶은 마음이 클 것이다. 그러나 조금만 생각을 바꾼다면 고객사는 넘쳐나니 너무 걱정하지 말기 바란다.

물론 창업하고 몇 개월이 지났는데도 다시 연락을 해와서 "당신과 꼭 함께하고 싶다"라고 말하는 고객사가 있다면 그때는 수임하는 것이 당연하다. 스스로 뿌듯해하라. '내가 다른 세무사 밑에서도 정말 일을 열심히 했더니 날 도와주는 사람이 생기는구나'라고 생각하고 기쁜 마음으로 계약하라.

아마추어 짓은 처음으로 족하다

2013년 9월, 나는 호기롭게 창업했다. 당시의 창업 상황은 이랬다. 보증금 5천만 원에 월세 100만 원, 경력자 1명, 신입 직원 1명. 못해도 월 고정비가 1천만 원 정도 지출되는 상황이었지만 충격적이게도 고객사는 하나도 없었다. 참 용기도 대단하다. 어찌 되었건 직원 2명을 채용해 놓고 시작하는 것이었기에, 아침부터 저녁까지 머리를 싸매고 영업에 대한 고민을 했다.

어찌 영업을 시작할까 고민하다 우선 관리하는 고객사 가운데 가장 자신 있는 곳부터 시작해 보자고 생각했다. 그 업종 중 하나가 휴대폰 대리점과 판매점이었다. 대리점의 매출 잡는 방식은 일반적인 사업체와는 달라 공부가 상당히 필요한 업종이었는데, 매출이 크지 않은 곳이 많아서 세무대리인의 도움을 받지 못하고 소외되기 쉬울 것이라는 생각이 들었다. 그래서 내 지식과 고객사 사장의 세무 관리 니즈가 매칭이 되기 쉽다고 판단했다.

그렇게 업종을 정하고 나니, 그다음 이어지는 고민은 어떻게 미팅 자리를 만들 수 있을까였다. 곰곰이 생각했지만 아무도 가르쳐준 적 없었으니, 뚜렷한 방법이 있을 턱이 없었다. 결국 대리점으로

'돌방'했다. 돌방은 업체에 무작정 찾아가서 영업을 하는 것이다.

"저는 여기 앞에 정성 세무회계를 개원한 전기주 세무사라고 합니다. 제게 핸드폰 대리점 세금을 절세하는 노하우가 굉장히 많은데, 5분만 시간을 내주시겠습니까?"

나의 이런 '돌연한(돌직구) 방문'에 대리점 사장이 "어, 그래요? 그럼 이야기나 한번 들어봅시다"라고 할 때까지, 나는 수많은 핸드폰 대리점을 돌았다. 열 군데 정도를 돌았을 때 한 곳의 사장님이 "마침 저도 세금 맡기는 곳에 문제가 있었는데, 설명 좀 부탁드립니다"라고 하며 커피 한잔을 내주었다.

그렇게 나는 첫 이야기를 시작할 수 있었다. 이때 정말 눈물이 날 뻔한 것을 겨우 참았다. 약속도 안 하고 찾아온, 누군지 검증도 되지 않은 상태에서 본인이 세무사라고 주장하는 사람에게 시간을 투자해 주는 것이니 얼마나 고마운가. 게다가 나는 지난 열 번을 잡상인 취급 받으며 거절만 당했으니, 의자에 앉을 수 있는 기회가 생긴 것만으로도 고마웠다.

서류 가방에서 A4용지를 꺼내고 펜으로 그려가며 내가 관리하게 되면 얻을 혜택과 나의 노하우에 대해 썼다. 거기에 온 마음을 다한 열정까지 담아서!

그렇게 40분 정도가 흘렀을 때 그 업체 사장님은 나와 계약을 해줬다. 내 생각엔 저렇게 열심히 설명하는데, 일도 분명 잘할 것이라는 생각으로 맡겨주었던 것 같다. 물론 기뻤다. 처음으로 혼자 만들어낸 계약이니까. 하지만 정말 미숙했다고 느꼈다. A4용지에 끄적이며 설명하는 방식이라든지, 돌방을 한다든지 하는 것에 대해서 말이다. 지금 생각하면, 당시 나는 보여줄 수 있는 '아마추어' 짓은 모두 한 셈이었다.

영업을 배우러 가다

이후 나는 한 가지 결심을 했다. '정말 잘하는 세무사한테 가서 배우자!'

마침 최정만 세무사와 최웅철 세무사가 세무사를 대상으로 세일즈 관련 수업을 기획하고 있었다. ○○○회사에서 '신용카드를 사용하면서 절세할 수 있는 상담까지'라는 콘셉트로 사업자 카드를 발급한 대표자들을 상대로 마케팅을 했다. 그러니 세무사와 ○○○회사가 사업자에게 절세할 수 있는 좋은 정보를 주기 위한 협업이 필요했고, 그것을 수행하기 위해 세일즈를 좀 하는, 혹은 관심 있는 세무사가 필요했던 것이다. 그래서 세무사에게 세일즈를 교육하고 그것을 토대로 세무사는 고객사를 확보할 기회가 되고, ○○○회사는 절세정보를 주는 카드 마케팅을 할 수 있었다.

하지만 세무사들은 여기에 관심이 없었다. 고객사에 텔레마케터처럼 전화해서 세일즈를 해야 하니 말이다. 그렇다 보니 정말 방금 개업했거나 몇 년째 고객사가 30~50개 정도밖에 없는 절박한 세무사들만 관심이 있었고, 그들을 대상으로 교육이 진행되고 있었다. 그 얼마 안 되는 절박한 세무사 중 하나가 바로 나였다.

당시 그 강의는 100만 원 정도 했던 것 같은데. 그때는 지금의 〈클래스 101〉과 같은 교육 사업이 활발하지 않을 때였고, 특히 같은 직업에 종사하는 사람을 대상으로 하는 100만 원짜리 강의는 전무했다. 수강료가 비싸다는 생각에 신청자가 많지 않아서, 나는 쉽게 그 강의를 수강할 수 있었다.

강의는 세일즈를 할 때 준비해야 할 기본 사항과 동행 미팅을 하며 영업하는 방법을 배우는 식으로 이루어졌다. 이때 배운 것 중에 제일 기본이었던 것이 세일즈를 할 때 준비해야 할 사항 두 가지였다.

첫 번째는 영업용 PPT를 만드는 것이다. 사업장의 세금 관리에 대한 방법과 우리 사무실에서 가지고 있는 장점 같은, 즉 고객의 마음을 사로잡을 수 있는 PPT를 10장 내외로 작성하는 것인데, 이것이 가져다주는 장점은 뚜렷했다. 이 자료를 만드는 과정에서 우리 사무실이 고객사에 제공할 수 있는 몇 가지 서비스를 구체화시킬 수 있게 되었고, 동시에 이 서비스들을 프로세스화할 수 있었다. 따라서 PPT를 준비하면서 기본적인 사항들을 동시에 잡을 수 있었다.

두 번째는 태블릿을 마련하는 것이었다. 태블릿을 통해서 PPT를 보여주고 업체의 특이사항을 에버노트 등에 메모하는 방식을 구축해야 했다. 태블릿은 고객사에게 우리 사무실을 좀 더 준비된 사무실로 보이도록 연출하는 데 큰 몫을 했기에, 이것보다 저렴한 투자는 없었다. 동시에 업체와의 미팅 내용을 태블릿에 메모해 누적

해서 미팅 DB를 관리할 수도 있으니 일석이조의 효과를 냈다. 후에 이 DB를 통해 업체와의 미팅을 돌아볼 수도 있었고, 본인의 상담방식을 개선하는 데에도 사용했다.

배우면 다르다

세일즈를 해보지 않은 세무사는 배워야 한다. 나는 그 선택을 빨리 했고, 그로 인해 미팅의 기회만 생긴다면 선택받을 확률을 90% 이상으로 만들었다. 세무사도 어디까지나 영업이 바탕이다. 우선 나를 만나기만 한다면 나와 계약하지 않고서는 못 배길 것이라는 자신감이 들 정도로 준비하고 시작해야 성공할 수 있다.

명심하자, 영업을 먼저 알고 뛰어들어야 한다. 그리고 배우면, 얼마든지 영업이 달라진다.

내가 있는 도시에서 1등을 목표로 하라

세무사의 고객사 확보 목표는 100개?

세무사들의 목표는 저마다 다르다. 고객사 100개만 모으고 편하게 사는 일에 목표를 두는 세무사가 있고, 현재 관리하는 업체 200곳 가운데 반을 줄이고 100곳만 관리하면서 스트레스 덜 받으며 사는 것을 목표로 하는 세무사도 있다. 두 사람의 세무 방식은 다를지라도 공통점은 같다. 모두 목표가 낮다는 것이다.

100개만을 목표로 한다면 우리의 성장 속도는 어떨지 고민해봐야 한다. 2013년 수습세무사 강의 때 선배 세무사님이 강단에서 하신 말씀이 생각난다. "밖은 전쟁입니다. 여러분이 개업하고 나서 100개 정도만 고객사를 확보해도 편안하게 안정적으로 살 수 있습니다. 100개의 고객사를 확보하는 기간은 내 동기들의 성과 평균을 내보면 약 5년 정도 됩니다."

그 당시에는 100개만 확보해도 억대 수익을 달성할 수 있는 시기였으니, 편안하게 살 수 있었을 것이다. 지금은 다르다. 수임한 계약금액에 따라 다르겠지만 100개의 고객사로는 근무세무사가 더 나을 수도 있다. 그 당시 나는 속으로 이렇게 생각했다. '혹시 100개를 목표로 해서 5년이 걸리지 않았을까? 그것보다 더 높게 잡아보자. 고객 수가 목표가 아니라 지역의 1등이 되는 것으로 잡으면 훨씬 빠를 거야.'

나는 고객사 100개 확보를 목표로 한다면 모든 비즈니스 안착을 위한 생활 패턴의 속도가 느릴 것이라고 생각했다. 아침 일찍 일어나서 고객사를 더 빨리 확보하기 위한 노력을 하지 않게 된다는 말이다.

성장할수록 잘하게 된다

내가 오픈할 때 사무실 청소를 맡겼던 회사가 있었다. 나는 그 업체 사장님이 오셨을 때부터 "아침 일찍부터 와주셔서 고맙습니다. 조금 지저분한데, 잘 청소해 주시면 처음 사업하는 저에게 시작부터 좋은 선물을 해주시는 것입니다"라고 깍듯이 인사를 했다. 그래도 전문직인데, 그렇게 말하는 인상이 좋게 보였나 보다. 사장님이 몇 가지 질문을 하더니 내게 이렇게 말했다.

"나도 세금 신고를 해야 되는데, 이제껏 그냥 혼자 했지만 맡기긴 해야 하는데, 세무사님이 젊고 잘해줄 것 같으니 나중에 오픈하고 제 것 좀 부탁합니다. 제 친구 것까지 같이 가지고 올게요."

나는 이제 막 개업하는 세무사에게 맡겨주는 것에 대한 고마운 마음과 더불어, 이런 생각이 들었다. '사업하는 분들은 반드시 동료들이 있구나. 생각보다 빠르게 고객사를 확보할 수도 있겠다.'

만약 이때 고객사 확보 목표가 100개인 세무사라면 벌써 5년 목표 중 2%나 달성했으니 며칠 행복한 단잠에 빠졌을 것이다. 그러고는, 이 정도만으로도 고객 확보가 된다면 큰 노력 없이도 100개라는 목표를 달성할 수 있겠다고 생각해 돌방이나 빌딩 타기 같은 것은 절대 엄두도 내지 않을 것이다. 빌딩 타기는 일종의 괴담으로서, 빌딩 1층부터 꼭대기 층까지 사무실마다 방문하면서 영업하는 것을 말한다. 누구나 한 번쯤은 해봐야 한다는데, 목표가 낮으면 당연히 계획조차 하지 않을 것이다. 그런데 그다음의 도전을 할 수 있을까? 아마 대개는 안 할 것이다. 더욱이 나의 목표는 100개인데 뭐하러 그런 고생을 하겠는가.

그때 그 사장님은 지금도 우리 회사에 일을 맡기고 계시다. 얼마 전 미팅 때 사무실을 한번 둘러보더니 말하셨다. "와, 세무사님. 내 처음부터 잘할 줄은 알았는데, 이렇게 잘할 줄은 몰랐네. 대단하시다. 내가 사람 보는 안목이 있지, 처음부터 알아봤다. 이렇게 커지니까 계속 잘할 수밖에 없지, 안 그라요?" 그 고객사는 점점 더 개선되는 우리 프로세스에 지속적인 만족을 느낀 것이다.

많은 고객사를 관리하기 위해 사무실을 더 효율적으로 운영하고, 프로세스를 더욱 개선하려는 고민을 멈추지 않는다면 성장은 자연스럽게 동반될 수밖에 없다. 그리고 더 나은 서비스로 입소문 마케팅을 노리기 위한 노력까지 더해진다면 해가 갈수록 더 성장할 것이다. 잘하는 사람이 더 잘하게 되는, 그런 선순환 효과가 나타나는 것이다.

직원이 많다면 업무의 완성도는 당연 상승

어느 날 동기 세무사 형으로부터 전화가 걸려왔다. 내 동기들은 대부분 이제 인생을 조금은 즐기는 여유를 가지게 된 상태이다. "기주야, 요즘 계속 규모를 키워야 하나 말아야 하나 고민이 든다. 지금이 딱 맞게 돌아가고 있거든. 여기서 더 키우려면 직원도 더 뽑아야 되는데, 어떻게 생각하니?"

이런 질문을 들으면 내 답은 한결같다. "안정성 있는 고객사만 가지고 사무실을 운영한다는 건 욕심이에요. 키울 수 있으면 먼저 고객사 수를 더 늘려야 합니다."

사업의 안정성이란 무엇일까? 자신이 예상하던 고객사의 수치가, 또는 목표로 한 매출액이 사업 안정성의 기준이 될 수 있을까? 이 기준을 먼저 업무의 완성도를 기준점으로 생각해 보자. 직원이 4명 있는 세무사 사무실이 직원이 20명 있는 회사보다 질적으로 업무가 우수하기는 어렵다. 직원이 20명 있는 사무실은 결재를 보더라도 몇 번을 거칠 수 있다. 1명의 눈으로 업무를 체크하는 것보다 2~3명의 눈으로 업무를 체크하는 것이 실수가 적을 수밖에 없다. 아무리 세무사가 전체 결재를 직접 보고, 지금까지 틀린 적이 없다고 자부하더라도 여러 명의 눈을 이기기는 어렵다.

거기에 직원 수가 적다면 결재권자 역시 고객사의 기장 업무에 투입될 확률이 높다. 그렇지 않으면 수익을 내기 어렵기 때문이다. 예를 들어 직원이 4명 있는 사무실에서 고객사를 150개 관리한다면 4명 중 과장 정도의 경력자 1명은 결재만 보기 힘들다. 경력자 인건비가 높아지고 있는 상황이기 때문에 수익이 급격하게 낮아진다. 그러니 경력자도 기장을 해야 한다. 그런데 프로그램을 만질수록 업무의 시각은 편협해질 수밖에 없다. 왜냐하면 전표 하나하나를 입력하고 쫓아가기 때문이다. 그러다가 업체의 정말 중요한 부분을 놓치기 마련이다.

예를 들면 대표자가 보험사로 이체하는 금액을 저축성이라는 말만 듣고 자산화를 시켜놓았다. 그런데 전표만 입력하면 그게 정말 자산이 맞는지, 즉 보험상품의 특성을 파악할 생각까지는 연결이 안 될 수 있다. 세부적인 업무에 집중하다 보면 큰 나무를 보는 그림이 그려지지 않을 확률이 높기 때문이다. 게다가 이런 판단을 주로 해야 하는 신고 기간에는 업무 마감에 쫓겨 거기까지 생각할 여유도 없다. 당연히 보험계약 내용 자체를 확인할 생각까지는 못하게 된다는 말이다. 혹은 보험료를 자산화시킬 때와 비용화를 할 때, 추후 만기 시 회계가 어떻게 달라지는지를 고려해서 대표에게 알려줘야 하는 중요한 일을 놓칠 수 있는 것이다.

반면 직원이 많으면 결재권자가 업체를 직접 담당하기보다는 큰 나무를 보는 데 시간을 더 쓸 수밖에 없다. 구조적으로 그렇게 된다. 당연히, 나무 한 그루 한 그루보다 전체 숲을 볼 수 있는 시야가 확보된다.

직원에 휘둘리지 않기 위해

안정적으로 사무실을 운영하고 또 지속적으로 성장하는 세무사 사무실이 되기 위해서 또 필요한 것은 사무실 직원의 변동성 위험을 줄이는 일이다. 변동성의 위험을 낮추려면 양적으로 직원 수가 많아야 한다. 만약 정직원이 둘인데 사정상 한 사람이 그만둔다고 가정해 보자. 게다가 퇴사 시점이 신고 기간이라면? 밤을 새워도 신고를 마무리하지 못할 수 있다.

게다가 심리적으로 소수의 팀원으로 회사를 이끌어가는 곳에서는 1명이 퇴직해도 퇴사 바이러스가 퍼지게 된다. 왜냐하면 즉시 대체 인력을 구하기 어려울 것이 뻔하고, 설령 대체 인력을 구한다 하더라도 당장 손발을 맞추기가 어려우니 업무가 힘들어질 게 분명하기 때문이다. 결국 남아 있는 직원마저도 발을 빼고 싶어 할 공산이 크다.

이렇게 되지 않도록 하려면 직원을 계속 붙잡을 수밖에 없다. 그러니 업무 성과가 좋지 않거나 문제해결능력이 훌륭하지 않은데도 지속적으로 연봉만 높아지는 고질병이 세무사 사무실에 생기는 것이다.

반면에 직원 수가 많다면 어떠한가? 분명히 적은 수보다는 낫다. 심지어 여분의 직원도 둘 수 있다. 1년에 1억 원을 버는 회사는 대체 직원을 더 둘 수 없다. 하지만 10억 원을 버는 회사라면 대체 인력을 둬도 아무 문제가 없다. 조금 덜 벌면 되는 문제이기 때문이다.

그러나 규모를 키우지 않으려는 세무사도 있으므로, 이런 경우라면 여러 명이 같은 직원을 쓰면서 운영하는 방식을 생각해 보길 권한다. 이런 방식은 직원의 변동성 위험을 낮추는 데 가장 쉬운 방법이다. 세무사 사무실은 이런 방식이 얼마든지 가능하므로, 만약 이 단계로 사무실을 세팅하지 않았다면 비슷한 규모의 세무사끼리 공유 오피스를 쓰는 방식도 고려해 볼 만하다.

당당하게 해야 나도 살고 고객사도 산다

업체 수가 적으면 업체 하나하나가 모두 중요해진다. 그 말은 특정 업체에 대한 의존도가 너무 높아지게 된다는 말이다. 그래서 신용보증기금과 같이 대출 기간에는 반드시 매출처가 얼마나 다양한지를 확인하는 것이다. 우리 회사의 연 매출이 10억 원인데 그 매출의 40%가 특정 업체에서 나온다면, 그 회사에는 늘 잠재적인 위험이 있다고 봐야 한다. 친인척이 동종업계를 시작해서 그쪽으로 옮겨야 한다는 등의 이유로, 내년이라도 당장 4억 원의 매출이 갑자기 줄어들 수 있기 때문이다. 그로 인해 직원을 해고하게 될 수도 있다. 그러니 업체 수가 많을수록 특정 업체의 매출 기여도가 적어지고, 소신을 가지고 일할 수 있게 된다.

만약에 고객사가 100개인 회사에서 1개의 회사가 나간다고 가정하면 최소한 1%, 많게는 10%까지 매출이 줄어들 수도 있다. 왜냐하면 그 업체와 연결되어 있는 회사까지, 여러 업체가 동시에 계약을 해지할 수 있기 때문이다. 따라서 이런 상황에서 세무사는 그 업체와 계약을 유지하기 위해 여러 가지 나은 조건들을 제시하게 되는데, 가장 기본은 수수료를 낮추는 것이다. 그런데 냉철하게 따져, 지금 10만 원 받고 있는 수수료를 6만 원으로 낮추면 돈이 남지 않는다. 돈을 벌려고 사업을 하는데 개수에 연연하면 할수록 돈이 남지 않는 상황이 발생하게 된다. 수수료를 조정해서 지키려는 방식을 버려야만 세무사가 산다. 고객사 입장에서도 수수료를 조정해서 계약 유지를 선택하게 되면 낮은 품질의 기장 서비스를 받을 수밖에 없다. 그러면 언젠가는 반드시 세금 문제가 발생한다.

고객사와 세무사가 모두 살려면 세무사가 당당할 수 있는 여건이 되어야 한다. 당당하게 일할 수 있는 여건이 되어야만 세무사가 돈을 벌게 되고, 그에 따른 책임감으로 고객사의 세금도 지켜주는 노력을 할 수 있다. 아쉽게도 내가 쪼들리지 않으려면 내 지갑이 두둑해야만 한다. 그래야 남한테 아쉬운 소리를 하지 않고 소신대로 살 수 있다.

세무사의 지갑은 고객사 수다. 고객사가 많아질수록 지갑은 두꺼워지고, 그래야 모두 상생하는 시장환경이 될 수 있다.

최고가 되겠다는 목표가 있어야 살아남는다

내가 있는 도시의 잘나가는 세무사, 고객사가 신뢰하고 점점 늘어나는 세무사가 되려면 성장하기 위한 노력을 해야 한다. 기왕이면 1등을 목표로 할수록 좋다. 회사가 더 나은 방향으로 나아가기 위해 직원과 세무사 모두 노력하게 되고, 그렇게 고객사가 늘어날수록 사무실의 업무 완성도가 높아지게 된다. 세무사가 고객사의 세금을 문제없게 관리하는 기본 책무를 잘 수행하게 된다는 것이다.

혼탁해지는 세무 시장에서 고객사와 세무사가 모두 살아남을 수 있는 유일한 방법은 세무사의 성장이다. 앞에도 말했듯 내 지갑이 두둑해야(세무사의 고객사 수가 많아야) 저가 기장시장의 늪에 빠지지 않을 수 있다. 또 세무사 사무실 직원에게 갑질하는 '나쁜 고객사'로부터 소중한 우리 직원을 지킬 수 있다.

고인 물에 다이빙하지 말라

대한민국은 역시 인맥이라더니

2012년 대구에서 일을 배우고 있을 때였다. 추후에 개업할 것을 대비해 사업하는 사람들을 알아둬야 할 것 같았다. 당시에는 아는 사람이 없었으니 개업을 해도 계약업체가 '0'인 상태에서 출발해야 하니까 말이다. 하다 못해 개업을 하면 화분이라도 몇 개 받아야 하는데, 보내줄 사람이 없었다. 가족, 친지들이 와서 얼마나 걱정을 하겠는가. "아이고요, 뭐 아는 사람 하나도 없는기 사업한다고 내리와가 우짤라카노. 화분 하나 안 왔더라야"라고 걱정을 끼치고 싶지는 않았다. 또 업체가 20군데는 확보가 되어야 월세라도 낼 것 아닌가.

어디에서 사람을 만나야 할까 고민을 했다. 물어볼 사람이 마땅치 않았다. 편하게 물어볼 수 있는 가족들 중에서는 단체나 모임에 가입되어 활동하고 있는 사람이 아무도 없었다. 친구들은 모두 취업 준비하느라 바빴다. 그 친구들에게 거래처를 확보하기 위해 같이 고민해 달라고 말하는 것은 염치없는 이야기 아닌가. 나는 그래도 취업은 한 상태이니 친구들에게는 내 이야기가 고민이라기보다는 부러움으로 느껴질 테니 말이다.

다행히 대구에서 일했던 세무사님과 점심을 먹다가 "사업하는 사람들을 사귀고 싶은데, 어디에 물어야 할지를 모르겠습니다"라고 이야기하니 "JC, 라이온스클럽, 로터리 클럽 등 세 군데 정도가 있고, 그건 도시별로 있다. 네가 활동하고 싶다면 JC 정도가 괜찮을 거고, 가입하고 싶다면 추천을 넣어줄게"라고 말씀하셨다. 라이온스 클럽과 로터리 클럽은 연령대가 있는 분들이 보통 많이 가입되어 있다. 당시에 나는 스물일곱 살이었으니 그래도 JC가 낫지 않을까 하는 마음으로 의견을 준 것 같다. 그리고 그 사람들이 거기에 어떤 활동을 하기 위해 모여 있고, 거기에서의 영업활동이 어떤 의미인지 정도는 알고 있을 거라고 생각하셨던 것 같다. 사실 나는 아무것도 몰랐는데.

이런 생각은 들었다, '추천이라니, 좋았어. 대한민국에서 인맥 없으면 사업 못 한다더니, 진짜 그렇구나. 들어가서 열심히 해보자.' 추천이라는 단어를 들으니 마치 아무나 들어가지 못하는 곳에 진입할 수 있게 된 것 같았고, 잘 풀리는구나 생각했다.

열심히 하면 도와줄게?

추천서를 작성해서 세무사님이 제출해 주고 나서 일주일이 지나지 않았을 때다. JC의 관계자로부터 연락이 와서 간단한 인터뷰를 하게 되었다. 고등학교는 어디를 나왔는지, 사업은 어떤 것을 하는지 등 몇 가지 신상을 물었고, 입회금을 납부한 뒤 활동을 시작했다.

그곳에서는 주기적인 만남 이외에도 평일 번개 등의 만남이 자주 있었는데, 나는 가능하면 빠지지 않고 참석하려 했다. 그런데 '사람이 모여 있는 곳에는 술이 빠질 수 없지'라고 생각은 했지만, 정말 그렇게 많이 마실 줄은 몰랐다. 소주잔, 음료수 컵, 거기에서 발전해 밥뚜껑에다가도 술을 따라서 주는 것이었다. 밥뚜껑에 마시면 요구르트를 마실 때처럼 쭉쭉 먹어야 하니, 금방 취하라고 그러는 것 같았다.

그렇게 저녁 6시부터 새벽 1시 정도까지 이어지는 모임이 한 달간 열 번 정도 있었다. 한 달이 지났을 뿐인데 업무시간에 일에 집중할 수가 없었다. 자리를 한 다음 날은 전날의 숙취가 남아 있으니 집중이 될 리가 없지 않은가.

진정한 애주가는 얼마를 마시느냐가 아니라 다음 날 얼마나 멀쩡하냐를 봐야 안다는 이야기를 들은 적이 있다. 그렇지만 나는 술을 마시면 3일간은 시체처럼 누워 있어야 했으니, 몸에 알콜분해 능력이 없는 것이 분명했다. 매일 저녁에 하던 운동도 체력이 없어서 하지 못하고, 집에 들어가면 누워 있는 날이 반복되었다. 하지만 사업하는 사람들을 사귀는 과정이므로 어쩔 수 없는 일이라고만 생각했다.

그렇게 입회 후 한 달 정도밖에 되지 않았지만 자주 모임에 참석한 덕분에 그 클럽에 가입되어 있는 사람 대부분을 볼 수 있었고, 그들도 나를 어느 정도는 알게 되었다. 그 정도가 되자 이런 말을 해줬다. “네가 다른 전문직들하고는 다르게 잘한다고 다들 칭찬을 많이 해. 모두 좋게 평가해. 네가 여기에서 조금만 더 고생하면 여기 있는 사람들이 너 도와줄 거야. 한 1년만 고생해 봐.”

그 말을 듣고 나니 그간 알코올로 몸을 뿌득뿌득 소독(?)하는 고생을 하며 피폐해진 몸 상태로 인한 회의감에 더해, 내가 가야 할 방향은 이것이 아니라는 확신이 들었다.

모임을 다르게 할 수 있었을까

사실 모든 모임이 술자리의 연속은 아니었다. 오히려 내가 술을 즐기지 못하던 사람이었고, 또 마셔도 해독하는 능력이 없으니 숙취가 길어져 일상에 영향을 미쳤던 것 같다. 게다가 사회 초년생이다 보니 술을 어느 정도 마셨을 때 그다음 날 영향이 가지 않게 알아서 조절할 수 있는 ‘거절의 방법’도 알지 못했다. 그러니 내 탓도 분명 있었다.

나는 일을 할 때 ‘남들보다 한 번 더!’라는 생각으로 한다. 그런 생각을 가지고 있지 않았다면 가입 후 한 달 만에 “1년만 고생하면 도와줄게"라는 말을 들을 수 있었을까? 그렇지 않을 것이다. 한 달에 1~2번 정도 모임에 참석하면서 1년쯤 지나 10번 정도 만난 뒤에 "너 좋은 놈인 것 같다"라고 듣는 것, 아니면 한 달 만에 10번을 만나 들은 것의 차이인 것이다. 기왕이면 한 달 만에 듣는 게 좋지 않은가?

또 처음 시작하는 사람으로서 '잘해보고자 하는 마음'과 욕심을 가진 채 술자리를 조절하는 능력이 생길 수 있을까? 쉽지 않을 것이다. 오늘은 저 사람과 깊은 이야기를 나누고 싶은데 저분은 술을 좋아한다. 그리고 일반적으로 술을 좋아하는 사람은 앞에 있는 사람도 본인과 술을 먹는 속도를 맞춰주길 원한다. 그러니 술잔을 짠 부딪치며 그렇게 '원샷'을 외쳐대지 않는가. 서로 알아가고 있는 단계라면 더 그럴 것이다. 한국 문화가 그렇다.

잘하면 사람은 알아서 붙어

모임에서 몇 년간 계속 그런 자리를 반복한다면 모임 사람들에게 인정을 받아 거래처를 확보할 수 있었을까? 설마 당신이 '당연하지, 그래도 사업한다고 모인 사람들인데. 영업의 비법은 고객 감동이야. 받은 것은 되갚아줘. 그러니 도와줄걸'이라고 생각한다면 생각을 바꿔야 한다.

첫 번째로 '내가 그 사람들하고 술을 마시고 모임을 했지, 도와준 게 있는가?'를 따져봐야 한다. 기본적으로 JC나 라이온스 클럽

등의 모임은 지역사회에 도움이 되는 활동을 하는 곳인데, 그걸 같이 했다고 해서 꼭 사업적으로 도와줘야 할까? 이 물음에 답을 할 수 없다면 당신은 기대를 버려야 한다. 물론, 만약 기존에 거래하고 있던 세무사에게 큰 차별점이 없다면, 좀 더 친해진 당신에게 업무를 맡겨줄 수도 있을 것이다. 그런데 그런 방식은 전문가로서 좀 비참하지 않은가?

두 번째는 '왜 도움을 받으려고 하나'의 문제다. 전문직은 지식산업이다. 지식이라는 무기만 제대로 가지고 있다면 사람은 알아서 찾아오게 되어 있다. 정말 한 분야의 전문가가 된다면 그 사람을 곁에 두고 싶어 안달이 날 것이다. 사업하는 사람들은 필요한 사람을 보는 '안목'이 탁월하니까 말이다. 전문직도 모든 다른 사업과 마찬가지다. 내가 상대방에게 필요한 사람이라면, 즉 사업하는 사람에게 도움을 줄 수 있는 세무사라면 사업은 알아서 풀리기 마련이다.

인맥 장사 하지 마라

나는 나 자신에게나 동료 세무사, 동기들에게 이렇게 말하곤 한다. "제발 고인 물에서 인맥 장사 하지 마라."

물론 앞에서 말한 봉사 클럽들에는 사회에 도움을 주기 위해 모인 훌륭한 사람이 많다. 그런 곳에 '검은 마음'을 가지고 영업하러 간다는 것은 그들이 좋은 마음으로 하는 사회활동을 방해하는 것밖에 안 된다. 정 모임이나 단체를 하고 싶다면 당신이 추구하는 방향과 맞는 곳으로 가거나, 취미생활 모임을 하라. 당신이 좋아하는 활동을 그저 즐기기 위한 모임을 하라는 말이다.

인맥 장사꾼이 아닌 '지식 장사꾼'이 되어야 한다. 맨날 모임 하고 놀면 언제 지식 상품을 만들어 고객들에게 팔 것인가? 세무사는 사업하는 사람들의 문제를 듣고 해결점을 제시해 줄 수 있는 직업이다. 산재가 터져도, 연장근로수당에 문제가 생겨도, 또 건강보험공단의 보험료 징수 문제나 외국인 근로자의 비자 문제 등 정말 상상도 못 할 분야에서 다양한 질의를 받게 된다. 얼마나 많은 솔루션 제공 기회가 있는가?

당신이 그 사람들에게 팔 수 있는 지식 상품을 제대로 갖추고 있는지를 먼저 살피기 바란다. 그냥 세무사 자격증만 가지고 있거나, '더존 프로그램'만 잘 만지는 사람은 아닌지 찬찬히 숙고해 보라. 모임에 나갈 시간에 지식 상품을 만들어놓는다면 인맥은 저절로 만들어질 것이다. 그것이 세무사라는 자격을 가진 사람으로서 해야 할 첫 번째 일이고, 그 자격만 충분히 갖춘다면 당신에게 멋진 상품이 많다는 소문은 생각보다 빨리 퍼지니 인맥 걱정, 장사할 걱정은 하지 않아도 된다.

3장

RUSH

시스템으로 운영하고 발상의 전환으로 발전하기

해답은 '실행'에 있다

좀 더 본질적인 고민을 하자

개업 세무사들과 이야기를 나누다 보면 다들 하는 고민이 비슷비슷하다는 것을 알 수 있다. 대개 직원 채용에 관한 것 그리고 효율적으로 업체 관리를 하는 방안에 대한 고민이 주를 이룬다.

"전 세무사님, 이번에 직원을 1명 더 채용하려고 하는데 경력자가 좋을까요, 신입 직원이 좋을까요? 신입 직원을 채용하려니 일에 적응하기까지 오래 걸릴 것 같아 걱정이고, 경력자를 채용하자니 어느 정도까지 업무를 해줄지 확신이 없네요. 가성비가 나올까요?"라거나 "고객사에 결산보고 하는 일련의 프로세스를 어떤 식으로 하는 게 효율적일까요?" 같은 고민을, 거의 모든 세무사가 동일하게 하는 것이다.

결국 세무사 사무실을 운영·관리하는 데에서 느끼는 문제 인식은 대부분의 세무사가 같다고 보면 된다. 다만 어느 부분에 더 큰 비중을 가지고 있느냐의 차이가 있을 뿐이다. 어떤 세무사는 안정성을 중시해 직원을 채용할 때 경력자를 우선시할 수도 있고, 고객사를 관리하는 데 있어 일을 잘하는 것보다는 보여주는 것을 중시하는 관리방식을 취할 수도 있는 것처럼 말이다.

그런데 개업 세무사라면 이런 현업에 대한 고민보다 오히려 본질적인 고민을 더 깊이 해야 한다고 생각한다. 이를테면 '빠르게 성장하는 세무사와 조금 더디게 성장하는 세무사의 차이는 어디에서 오는 것일까?'와 같은 고민 말이다.

고객의 컴플레인에서 착안한 업무 프로세스

나의 경우를 예시로 들어보겠다. 나는 개업하자마자 고객사가 하나도 없는 상태에서 10년 이상 된 경력자 직원 1명과 신입 직원 1명을 채용한 상태에서 업을 시작했다. 이때 이런 선택을 한 이유는 하나였다. '내가 사무실에 붙어 있으면 성장할 수 없다. 난 무조건 나가서 일감을 가져와야 하니 부재중일 때가 많을 수밖에 없다. 따라서 경력직 1명, 그를 지원할 신입 1명이 필수 인원이다'라는 생각이었다.

이 생각은 개업 후 2개월 만에 맞아떨어졌다. 막상 거래처를 수임하다 보니 여기저기에서 일이 터지기 시작했다. 개업 후 첫 번째 부가세 신고 때였다. "전 세무사님, 이번에 부가세 신고를 해야 하는데 어떤 자료를 보내드려야 되는지 안내 좀 해주세요"라는 사소한 요청부터, "이렇게 부가세가 많이 나올 것 같았으면 사전에 안내를 해줘야지, 이거 어떻게 해야 합니까?"라는 컴플레인까지, 고객사의 요청은 끝이 없었다. 그렇지만 나는 그 문제를 빠르게 인지하고 해결하기 위한 고민의 시간을 충분히 가질 수 있었다. 왜냐하면 나 대신 업무를 처리할 직원이 2명이나 있었기 때문이다. 여유 있는 직원 채용 덕분에 나는 직접 '더존'을 만지거나 요청사항에 대한 안내를 하지 않아도 되었으며, 남는 시간을 활용해 세무사 사무실을 더 나은 방향으로 운영하기 위한 관리 방법을 업그레이드할 시간도 확보할 수 있었다.

당시 고객들의 컴플레인을 듣고 내가 알게 된 사실은 '부가세에 대한 이해가 부족한 고객사들이 많다는 점'이었다. 또 고객사는 본인들이 미리 세금을 어느 정도 납부하는지 알고 싶어 하고, 납부할 세금이 많을 것으로 예상된다면 자신들이 세금계산서를 더 준비할 수 있다고 생각한다는 사실도 알게 되었다. 이런 고객사의 입장이 파악되자 나는 예상 부가세에 대한 안내자료를 만들었다. 그리고 7월 부가세 신고를 하기 전인 6월 말까지 내 고객들에게 이 자료를 보냈다. 또 안내자료에는 부가세 신고 시 필요한 서류와 예상 세액 등을 적었다. 이것은 내가 특별한 능력이 있어서가 아니라 빠른 성장을 하기 위해 처음부터 인력에 대해 투자했기에 가능한 일이었다.

성공적인 업무 프로세스를 구축하고 나서 내가 얻은 교훈은 이

것이다. '고민의 시간을 실행력으로 연결하면 성장과 관리, 두 가지 포인트를 다 잡을 수 있다.' 그리고 이런 포인트를 잡느냐의 차이가 '빠르게 성장하는 세무사와 조금 더디게 성장하는 세무사의 차이'를 가져오리라고 생각한다.

저마다의 시간 확보 방법을 선택하라

세무사 ○○년 차인 나에게 누군가가 "개업 초기로 돌아가서 시간을 보낸다면 뭐부터 할래?"라고 물어본다면 "여유 있는 직원 채용을 먼저 한다"라고 답할 것이다.

제대로 장사를 하기 위한 대표의 우선적 역할은 무엇이라고 생각하는가? 나는 '방향성' 제시라고 본다. 세무사는 고객사를 어떻게 관리할 것인가에 대한 방향성을 정해야 한다. 여기에 이견은 없을 것이다. 그런데 이 방향성을 정하기 위해 반드시 필요한 것이 고민을 위한 절대적인 시간 확보이다.

그렇다면 시간 확보는 어떻게 가능할까? 나는 무엇보다 '사소한 문제'를 제외해야 본질에 대해 충분히 고민할 시간이 확보된다고 생각한다. 나의 집중력에는 한계가 있기 때문에, 사소한 부분은 직원들이 수행해 주어야 '중요한 문제'에 집중할 수 있기 때문이다. 하지만 이 방식은 세무사의 성향에 따라 다를 수 있다. 늘어나는 고정비가 장기간 지속되더라도 자금 여력이 있거나, 고객사를 빠른 속도로 계약할 자신이 있어야 가능하다. 따라서 다른 방법으로 해결할 수 있는 방법도 고민해 봐야 한다.

공동 사무실을 개업해서 직원을 공유해서 사용하는 것도 고정비를 지출하며 시간을 확보할 수 있는 방법이다. 또는 선배 세무사에게 운용 프로세스에 대한 자문을 얻어 그 방식을 그대로 적용하는 것도 해결책이 될 수 있다. 한마디로 저마다 처한 환경과 조건에 따라 '고민의 시간'을 확보하는 방법을 선택하라는 이야기다. 내가 선택한 방법 역시 한 가지 방편일 뿐이니 참고만 하기 바란다.

시간 확보를 위해 직원을 채용하는 것은 어쩌면 가장 편리하고 수월한 방법이고, 장점도 매우 뚜렷하다. 그러나 예상만큼 고객 수가 충분한 속도로 늘지 않는다면 사업 안정성에 영향을 미칠 것이므로 각자의 성향과 상황에 따라 결정할 것을 권한다.

실행하지 못하면 말짱 꽝이다

직원 채용을 하든 다른 방법을 쓰든 저마다의 시간을 확보할 방법을 찾았다면, 이제 남은 것은 '실행력', 즉 고민의 시간을 실행으로 연결하는 과정이 될 것이다.

그렇다면 고민의 시간을 끝맺는 '실행력'이란 무엇일까?

예를 들어 부가세 신고를 할 때 고객사의 니즈는 납부세액이 얼마나 되는지 미리 알고자 하는 것이다. 그리고 그때 발생할 수 있는 고객의 불만족은 이 욕구가 제때 충족되지 않았을 때 일어난다. 이 문제에 대해 인식했다면 이후 해결 방안은 간단하다. 고객의 니즈에 맞게 서류를 '미리 보내주는 것'이다. 이때는 보내는 양식을 결정하고 이를 사무실의 일정에 맞게끔 프로세스화 해둔다. 이렇게 실행하면 사무실의 고객사 관리방식이 한 단계 성장하게 된다.

그런데 어찌 보면 매우 간단한 이 프로세스를 많은 세무사가 실행하지 못한다. 업무에 대해 더 나은 방향을 제시하는데도 이를 실행하지 못하는 이유는 대개 비슷하다.

"좋은 줄은 알겠는데 직원들을 설득할 자신이 없습니다", "직원들이 새로운 일이 하나 더 생긴 것으로 생각해 반발이 많아서 못하겠어요", "바쁜 시기에 그런 것까지 어떻게 해요? 그건 직원이 많은 사무실에서나 하는 거지요."

대부분 이런 핑계에서 한 치도 벗어나지 않는다. 그러나 실행이 없으면 변화도 없다. 좋은 방법을 알아도 이처럼 실행하지 못하면 어떤 변화도 생기지 않는다.

직원들의 업무량 증가를 당연하게 받아들이자

우리 사무실은 통화 기록을 업무일지로 대체하는 방법으로 하루 업무를 체크한다. 이 부분을 세무사 대상으로 교육한 적이 있다. 그런데 세무사 대부분의 반응이 한결같았다.

"직원들이 일이 추가되는 것을 싫어해서 도입하지 못하겠습니다."

한 가지 자각할 점은 이런 고민이 있는 세무사 사무실 직원은 대부분 업무일지를 쓰고 있지 않을 확률이 높다는 점 그리고 그만큼 직원의 업무를 통해 고객사의 니즈를 더 잘 파악하기 위한 사무실 자체의 방식이 없다는 것이다. 이 경우에는 도입이 쉽지 않다는 생각이 먼저가 아니라 '내가 하고 있는 게 전혀 없었구나. 뭐라도 하긴 해야 되겠구나'라고 생각해야 한다. 안 하고 있었으니, 새로운 프로세스를 도입하면 당연히 업무가 많아질 수밖에 없다.

조금이라도 체크하기 위해 어떤 방식이든지 고민해 실행하고 있던 세무사 사무실의 직원이라면 통화 기록으로 대체하자는 변경은 일이 늘어나는 것이 아니라 더 나은 방향으로 변화하는 것이라는 것을 인지할 수 있기 때문에, 어렵지 않게 변경이 가능할 것이다. 그러나 이 방식을 업무량 증가로만 받아들인다면 이는 지금까지 업무일지에 대해 어떤 방식으로도 생각해 보지 않았다는 방증이다.

세무사가 고객사를 잘 관리하려면 직원이 체크해야 할 내용이 당연히 늘어날 수밖에 없다. 고객사 관리란 무엇인가? 그건 실무자가 업체들과 소통하는 방식, 안내하는 방식을 일원화하고 프로세스화하는 것이다. 이게 잘 되려면 먼저 기록 보관부터 잘 되어야 한다.

실무자가 고객사로부터 요청받는 단계를 살펴보면 고객사 → 실무진 → 누적 DB → 세무사의 순으로 이어진다. 이와 같은 정보의 흐름에서 실무진이 역할을 해주지 않으면 세무사로 가는 연결고리가 끊길 수밖에 없다. 고객사가 많은 세무사 사무실일수록 정보의 누적 보관 관리에 혈안이 되어 있는 것은 이 때문이다. 그리고 이 일은 직원들이 그냥저냥 자기 고객사만 관리하는 것보다는 당연히 업무가 많아질 수밖에 없다.

고객 만족을 높이기 위해서는 고객사의 정보관리와 업무 프로세스를 합리적으로 구축하는 일이 필요하다. 그리고 이 일련의 일들에는 모두 노동력과 시간이 투입되어야 한다. 손 안 대고 코를 풀 수 없듯, 시간과 노동력의 투입 없이 만족스러운 고객 관리와 운영은 불가능하다. 직원의 업무량 증가를 눈치 볼 것이 아니라, 고객사의 만족도에 더 신경 써야 하는 이유가 여기에 있다.

변화를 두려워하지 말라

세무사 사무실에 더 나은 업무 프로세스를 구축하는 방법과 아이디어는 쉽게 찾을 수 있다. 정작 우리의 관리 성장을 막는 것은 '실행'을 하지 못하는 것이다. 그리고 그 밑바탕에는 변화에 대한 두려움이 있다. 혹시나 새로운 방법을 도입했는데, 시간만 쓰고 더 좋지 않은 방향으로 가면 어떻게 하지? 고객사가 변화된 방식에 반발하면 어떻게 하지? 직원들이 새 방식 도입을 반대하면 어떻게 하지? 등등의 두려움으로 실행하지 못하는 것이다.

우리는 수백 명의 직원을 데리고 수천 개의 고객사를 관리하는 회사가 아니다. 우리는 중소기업이다. 중소기업이 대기업에 비해 가지는 장점은 빠른 변화가 가능하다는 점이다. 우리는 이 점을 인지해야 한다. 실패하면 어떤가? 설령 결산보고 방법을 바꾸었다가 여의치 않아 다시 되돌린다 하더라도, 시도했다가 돌아오는 것과 시도조차 안 하고 정체하는 것은 천지 차이다. 시도하고 난 뒤라면, 실패한 이유를 분석해 또 다른 방향으로 도전할 수 있는 기회가 온다. 그러면 한 단계 위의 성장 발판을 얻을 수 있다.

모든 사업에 일맥상통하는 한 가지는 '실행'이다. 세무사 사무실이든 다른 사업이든 빠르게 성장하고 발전하는 이들에게는 '실행력'이 있었다. 시스템으로 운영하고 발상의 전환으로 발전하는 첫걸음 역시 '실행하는 힘'에 있음을 명심하자.

채용 시스템을 바꾸면 직원이 '인재'가 된다

신입직원, 정말 이렇다니까요

나는 매년 신입사원을 2~3명씩 지속적으로 채용해 왔다. 초기에 면접을 했던 방식은 일반적인 세무사 사무실에서 하는 방식과 다를 것이 없었다. “세무사 사무실에 왜 지원했나요?”, “야근이 많을 수 있는데, 이 점은 어떻게 생각하세요?”, “장기간 근무할 수 있나요?”, “본인이 어떤 장점이 있어 세무사 사무실에 지원하게 되었나요?”, “세무사 사무실에서 일하면서 어떤 모습으로 성장하고 싶나요?”와 같은 질문을 했다는 말이다. 면접자 중에는 “어떤 일이든지 맡겨만 주시면 밤을 새우더라도 수행해 내겠습니다”라고 당차게 말하는 직원이 있었다. 실무진과 회의 끝에 그나마 열의가 있어 보이는 그 직원을 채용하기로 결정했다. 세법에 대한 지식과 회계에 대한 이해는 부족하더라도, 열정만 있다면 해낼 수 있다는 믿음이 들었기 때문이다.

그런데 채용하기로 했던 직원이 출근하기로 한 날 문자가 왔다. "죄송합니다. 제가 세무사 사무실과는 맞지 않을 것 같아 출근하지 못하겠습니다." 두둥! 열의가 있는 줄 알았는데, 잘못 보았던 것이다.

세무사 사무실에서 신입직원을 뽑을 때는 늘 이런 문제에 부딪힌다. 어쩌면 면접 경험을 쌓기 위해 왔을 수도 있고, 면접을 오라고 해서 왔다가 사전에 세무사업에 대한 조사가 미흡했다는 것을 깨닫고 뒤늦게 일의 특성을 검색해 보니, 너무 열악하다는 정보를 접하고는 출근을 포기하는 경우도 많다. 이런 일을 몇 번 겪고 나서 나는 채용 시스템을 완전히 바꾸었다.

면접 전에 면접지를 줘라

나는 굳이 포기가 빠른 직원을 위해 면접 시간을 투입하지 않기로 결정했다. 그럼 그런 인원을 걸러내기 위해 가장 좋은 방법이 무엇일까? 그 고민을 하다가 '대표자가 자주 물어보는 질문 50개'에 대한 질의 답변서를 만들었다. 먼저 구직자에게 면접지를 보내고, 그 면접지를 가지고 질의 응답하는 방식으로 실제 면접을 하겠다고 통지하는 것이다.

도입 후 첫 번째 면접에서 10명의 지원자에게 이 방식을 적용했다. 우리 사무실의 1차 면접은 실무진이 보기에, 면접 보는 당일에 나는 출장 중이었다. 그런데 오전 10시 10분쯤 실무진에게 전화가 왔다. “세무사님, 아무도 면접을 보러 오지 않았습니다. 우리 방법이 잘못되었던 것 아닐까요?” 난 속으로 쾌재를 불렀다. “우리가 도입한 방법이 성공적인 거예요. 아직 업무가 제대로 숙지가 되지 않았다 하더라도, 오는 직원이 오지 않는 직원보다는 분명히 성장할 확률이 높을 테니까 걱정하지 말고 똑같이 계속 진행하세요.”

1차 면접을 하기 전에 면접지를 보낸 것만으로도 신입직원 중 세무사업을 시작하기 위한 준비된 마음이 있는지를 걸러내는 데 탁월한 역할을 했다. 번지르르한 말솜씨에, 자격증을 많이 보유하고 좋은 대학교를 나왔으면 무얼 하나? 기본 지식에 대해 확인하기 위해 질문과 정답지를 보내줘도, 그것조차 어렵게 느껴 포기한다면 처음부터 채용하지 않는 편이 낫다고 나는 확신했다. 그리고 내 확신은 정확히 맞아떨어졌다.

면접지의 질문은 어떤 것이 있을까

우리 사무실에서 쓰는 1차 면접 질문지는 다음과 같다.

부가세 측면 질문지

- 차량을 소유하고 있는데 차량유지비 사용 내역 부가세 공제가 되나요?
- 부가세 신고할 건데 뭘 가져가면 될까요?

- 건설업인데 9인승 카니발을 하나 살 예정이에요. 부가세 공제 차량인 걸로 아는데, 부가세 공제 가능하죠?
- 음식점인데, 집에 냉장고 산 것을 증빙만 받으면 부가세 공제가 가능한가요?
- 상품권 구매한 것도 부가세 공제가 되나요?
- 공동사업자인데 부가세도 대표자별로 각각 신고해야 하나요?
- 현금영수증 의무발행 업종인데, 발급하지 않으면 어떻게 되나요?

소득세

- 사업자등록을 하기 전부터 갖고 있던 차량에 대해서도 비용처리가 가능한가요?
- 사업 초기 인테리어비 세금계산서를 받아야 하나요?
- 상품권 구매 시 경비처리를 어떻게 해야 되나요?
- 종합소득세 신고 시 다른 소득이 있으면 어떻게 해야 하나요?
- 동업으로 사업자등록을 하면 세금 신고와 납부를 어떻게 해야 하나요?
- 회사 식대를 직원 개인카드로 썼을 때 어떻게 처리해야 하나요?
- 직원 기숙사로 아파트를 월세로 계약했는데 경비처리를 할 수 있나요?
- 소득세 비용처리 명목으로 차량 구입, 리스, 렌털 중 뭐가 제일 좋을까요?

- 소득세가 결손(적자)인데 왜 환급금이 안 나오나요?
- 감가상각 시 정률법과 정액법을 선택할 수 있나요? 어떤 게 더 유리할까요?
- 올해 결손으로 예상되는데, 감가상각을 꼭 올해에 받아야 하나요?
- 업무용 승용 차량 감가상각비 한도초과분은 내년에 경비처리 받을 수 있는 건가요? 임직원보험 가입을 안 하면 차량 경비 처리가 안 되나요?
- 직원을 채용했을 경우 받을 수 있는 세금혜택은 어떤 것이 있나요?

원천세

- 인건비 처리 부분에서 절세 및 기업부담분을 줄일 수 있는 방법으로 무엇이 있나요?
- 식대나 차량 유지비로 지급했다면 무조건 비과세 아닌가요?
- 신규 사업장일 경우 정규직 4대 보험 취득은 어떻게 신고하면 되나요?
- 사업장에 직원이 있는 대표자가 다른 사업장에서 직원으로 근무하거나 4대 보험에 가입해도 되나요?
- 가족을 직원으로 해서 4대 보험에 가입하거나 인건비를 신고하는 게 가능한가요? 4대 보험 가입하는 방법 말고는 인건비 신고 방법이 없나요?

- 근로복지공단에서 사업장에 방문해 근무하고 있는 직원의 4대 보험을 가입하라고 하는데, 꼭 가입해야 하나요? 보험료 부담이 너무 큽니다.
- 실제로는 자진 퇴사하는 직원이 실업급여를 받을 수 있게 권고사직 처리를 해달라는데, 해줘도 되나요?
- 사업장에서 업무 중에 4대 보험에 가입한 정직원에게 산재가 발생했습니다. 산재 처리를 어떻게 해야 하나요?
- 현재 저희가 일용직만 신고하고 있는데 4대 보험에 가입해서 처리하는 것과 일용직으로 처리하는 것 중 어떤 게 더 유리한가요?
- 프리랜서(3.3%)는 무엇이고, 어떻게 신고하나요?
- 연말정산 기한 종료 후 놓친 자료는 추가로 반영해서 재정산이 되나요?

이제 바꿔야 한다

면접 때 업무 역량을 체크하는 것만으로는 유능한 직원을 채용할 수 없다는 것을 알았다면, 샘플 질문지를 보고 업그레이드해 면접 때 활용하자. 채용하는 과정이 순탄하지 않을 수는 있다. 면접자의 상당수는 면접지를 받자마자 뭐 이런 것까지 외워 오라 하느냐고 생각해 면접조차 보러 오지 않을 수도 있다. 그렇다면 오히려 우리는 성공한 것이다. 회사에 입사해 제대로 하지 못할 직원을 처음부터 선별할 수 있었으니 말이다.

경력 2~3년 차가 되어도 업무용 차량을 리스하는 게 좋은지, 렌트하는 게 좋은지와 같은 질문에 답을 못하는 직원이 태반이다. 면접 질문지 100개 정도만 제대로 외운다면 고객사에 응대하는 부분에서는 2~3년 차보다 더 나은 답변을 할 수 있게 된다. 즉 빠른 시간 내에 업무에 투입할 직원을 확보할 수 있다.

단순한 면접에서 벗어나 제대로 일할 준비가 있는 직원을 채용하기 위해서는 우리도 노력하고 변화해야 한다. 실행은 어렵지 않다. 면접지의 질문을 보완하고, 답변을 추가해 면접자에게 보내자. 그래서 제대로 준비된 직원을 채용하도록 하자. 이 간단한 시스템 하나로 평범한 직원 채용을 '인재' 채용으로 바꿀 수 있을 것이다.

분업화로 생산성도 높이고 숙련도도 높이고

우리는 왜 야근이 그렇게도 많은 업종이 되어버렸나

개업 초기 때 면접을 보면 늘 질문하는 게 있었다. "세무사 사무실의 일이 어떻게 돌아가는지 알아보셨나요?"라는 질문이다. 이 질문을 통해서 얻고자 하는 답변은 정해져 있다. "네, 세무사 사무실은 상반기 때 대부분의 신고 일정이 잡혀 있어, 야근이 많은 것으로 압니다. 저 역시 이를 잘 해낼 마음의 준비가 되어 있습니다"라는 것이다. 아직도 많은 세무사 사무실에서 직원을 채용할 때 하는 단골 질문이리라 짐작한다.

우리가 야근이 많은 업종이 될 수밖에 없는 이유는 신고가 상반기에 편중되어 있기 때문이다. 세무사 사무실의 부가세 신고 시기를 상상해 보자. 부가세 신고 마감은 1월 25일까지다. 그러나 마감기일 전에 미리 준비를 해두려 해도, 마땅히 할 수 있는 일이 없다.

전자세금계산서 12월 발급분을 최종 확인할 수 있는 1월 10일 이후가 되어야 시작할 수 있기 때문이다.

그래서 대개는 1월 11일에 세금계산서를 프로그램에 업로드한다. 이때 바로 홈택스에 등록되어 있는 신용카드를 조회할 수 있으면 좋겠지만, 아쉽게도 그 자료는 1월 15일 이후나 되어야 조회가 된다. 어떤 때에는 15일에 조회해 애써 반영해 두었는데, 16일에 이런 공지가 버젓이 뜨기도 한다.

'○○ 신용카드가 제대로 반영되어 있지 않습니다. 확인 후 신고하십시오'

이런 공지가 뜬 날에는 사무실에서 직원들의 한숨 소리가 들려온다. "아, 어제 다 반영해 놨는데, 전체 업체 전부 다시 체크해야 합니다." 세무사님들은 직원들을 다독이기 바쁘다. "어쩌겠어요, 조금만 힘냅시다." 말은 그렇게 하지만 직원들에게 눈치가 보이기 시작한다.

늦은 저녁 퇴근을 하고 뉴스를 틀면 "달라지는 연말정산, 이것만은 놓치지 말자"라는 기사가 나오기 시작한다. '아이고, 며칠 있으면 고객사의 직원들로부터 연말정산 전화가 많이 오겠구나' 하고 생각하다 보면, 아니나 다를까 1월 20일쯤부터 갑자기 전화가 쏟아지기 시작한다. 역시나 연말정산 때문이다. 고객사의 근로자들이 연말정산 관련 문의를 하기 시작하는 것이다.

근무시간 중에는 연말정산 관련 문의를 받고 답변해 주느라 정신없이 보내고, 고객사의 부가세 신고 업무는 하지도 못한 채 저녁

이 돼서야 시작하게 된다. 그렇게 1월 24일이 되어서야 부가세 신고서를 마무리하고 납부서를 전달한다. 그 뒤에는 이제 연말정산과 면세사업장 현황 신고를 하느라 바쁜 마음을 추스를 시간도 없이 흘러간다. 거기에 1월 지급한 급여의 원천징수 납부서도 2월 10일까지 마무리해야 한다.

생각만 해도 몸이 부들부들 떨리는 일정이다. 세무사조차 밀려드는 일이 부담스러운데, 일하는 직원들의 마음은 어떨까. 나는 2020년 하반기쯤 이렇게 돌아가고 있는 일정에 변화를 줘야겠다고 생각했다.

일을 분업화하면 어떻게 될까

부가세 신고 시기의 사무실 업무를 생각해 봤더니 이런 생각이 들었다. '만약 원천세 업무와 4대 보험 업무를 담당하는 팀을 별도로 나누면, 부가세 신고 자체에 집중할 수 있는 시간이 늘어나지 않을까? 왜 이때까지 이걸 생각하지 못했을까? 한 직원이 특정 고객사의 원천업무와 부가세 신고 모두를 담당할 필요는 없는 거잖아!' 여기에 생각이 미치자 많은 고민이 자동으로 해결될 것 같았다.

1월 초가 되면 원천 팀에서 연말정산 관련된 안내를 하며 12월 급여 신고와 원천세 납부서를 전달할 수 있다. 부가세 팀에서는 부가세 관련 자료를 안내하고, 고객사의 직원들이 연말정산과 관련된 문의를 하는 것은 원천 팀에서 처리하게 되니 업무의 병목현상이 생기지 않을 것이다. 더불어 부가세 신고 준비 중에 연말정산과 관련된 전화 답변을 하지 않아도 되니 업무에 더 집중할 수 있어, 마감하는 시간도 빨라지고 또 혹시나 발생할 실수도 줄일 수 있을 것이다. 특히 1월에 4대 보험과 관련한 입사 및 퇴사 업무를 담당자가 잊어버리는 사고가 빈번한데, 이런 것도 줄일 수 있다.

부가세 신고 마감 후에도 기장 팀에서는 면세사업장 현황신고와 법인세 신고를 준비하고, 원천 팀에서는 연말정산과 1월 지급분 급여의 원천징수 업무를 할 수 있게 된다. 3월 법인세 신고 때도 마찬가지다. 3월 10일까지 고객사에 급여 자료를 요청하는 것은 인사노무 팀에서 진행하니 기장 팀은 3월 1일부터 법인세 마무리를 할 수 있는 것이다.

이런 방식으로 분업화를 하면 부가세, 소득세, 법인세 신고 준비 시간을 지금보다 10일은 당겨서 준비할 수 있겠다는 생각이 들었다. 먼저 준비하니 당연히 시간을 더 확보할 수 있게 될 것이고, 그러면 야근하는 시간을 줄일 수 있겠다는 생각이 들었다.

세무사님, 원천 팀 분리는 반대입니다

원천 팀 분리를 해야겠다고 마음먹고 관리자들과 회의를 했다. "원천 팀을 분리하면 부가세, 법인세, 소득세 신고를 준비할 시간이 10일은 더 확보될 거예요. 우리 이거 해봅시다. 분명히 도움이 될 겁니다"라고 말했다. 그런데 당연히 좋아할 줄 알았던 관리자들이 반대했다. "세무사님, 원천 팀을 도입한다고 해도 기장 팀의 업무가 줄어들지 않을 것 같습니다. 오히려 두 번 일하게 되는 상황이 생길 것 같아요. 원천 팀에서 한 일을 기장 팀에서 한 번 더 확인해야 할 것 같습니다. 또 고객사에서 왜 담당이 다르냐고 화를 낼 것 같기도 하고요."

의외의 반대에 부딪히자 당황스러웠다. 이럴 때 우리는 '실행력'을 떠올려야 한다. 마치 정주영 회장이 "임자, 해봤어?"라며 서산 간척지 방조제 공사를 추진했던 것처럼 말이다. "고객사에 원천 팀을 분리한다는 안내 브로슈어를 보내면 큰 불만은 없을 테니 걱정하지 않아도 되고요. 인사팀장을 채용해서 업무 책임을 구분하면 기장 팀 담당자의 불안감을 줄일 수 있을 거예요"라고 설득해서 추진했다.

다른 세무사 사무실에서 원천 팀을 실행하려 해도 같은 이유로 반대에 부딪힐 수 있다. 직원들은 업무 프로세스가 달라지는 것에 대한 저항감이 있기에, 당연하다. 회사의 업무 구조를 바꾸는 큰 변화를 가져올 때는 대표가 밀어붙이는 결단력도 필요하다는 것을 잊지 말자.

우리 사무실의 이 경험담을 쓰면서 팀장에게 다시 물어봤다.

"원천 팀을 나누고 나서 일해보니 어때요? 업무가 더 줄었나요, 늘었나요?"

팀장의 답변은 간명했다. "원천 팀이 없는 상황은 이제 상상도 못 하겠습니다. 세무사님 말씀이 맞았습니다. 집중력 있게 일할 수 있는 시간이 확보될 뿐 아니라 고객사들도 오히려 더 만족합니다."

자, 성공 사례가 여기 있다. 그러니 지금 당장 나를 믿고 추진해도 좋다.

인건비 크게 안 늘어요!

동기 세무사에게 원천 팀을 구분한 이후로 업무 진행 속도가 훨씬 빨라졌다는 장점을 이야기했더니 이런 걱정을 털어놓았다. "다 좋은데, 그렇게 하려면 직원을 더 채용해야 하니 나같이 직원이 5명뿐인 곳에서는 하기 어렵겠다."

그러나 내 생각은 전혀 다르다. 일에 더 집중할 수 있고 빠르게 처리할 수 있다는 이야기는 기장 팀에서 할 수 있는 업무량이 늘어난다는 말과 같다. 더욱이 경력직원이 단순한 원천 작업에 매여 있다는 것이 얼마나 비효율적인가. 고객사의 만족도를 높이는 데 있어 원천세 업무는 영향을 끼치지 못하는 부분인데, 거기에 시간을 투입하는 것은 낭비다.

또 인사팀 직원의 경우 업무 완성도를 높이기까지 투입되는 시간도 훨씬 적게 든다. 고객사를 관리하는 전체 업무 중 원천 파트만 하면 되니까 교육 시간도 매우 짧다. 더욱이 매달 같은 업무를 반복적으로 하게 되니, 실력도 빠르게 성장한다.

우리 사무실에 원천 팀 직원은 5명이지만 인건비 증가 폭은 없다. 또 원천 팀의 직원은 정부지원금을 받는 '일학습병행제' 직원으로 하기 때문에 오히려 비용이 절감되었다. 이쯤 되면 일석이조가 아니라 일석삼조, 일석사조쯤에 해당하지 않을까.

답은 분업화에 있다

세무사 사무실에서 업무의 편중을 줄일 수 있는 해결책은 분업화만이 유일한 답이다. 업무를 더 세부적으로 나누어 직원을 배치할수록 인건비가 늘어나는 것이 아니라 줄일 수 있다. 그리고 이렇게 하면 해당 파트에 특화된 능력 있는 직원을 훨씬 빠르게 성장시킬 수 있다.

컨베이어벨트로 돌아가는 제조공장에서만 분업화가 가능하다고 생각하는 것은 편견이다. 사무직도 얼마든지 분업화가 가능하다. 특히 여러 가지 자잘한 업무가 동시다발적으로 이루어져야 하는 세무사 사무실에서 분업화는 어쩌면 필수 불가결한 일인지도 모른다. 귀찮거나 엄두가 나지 않는다고 미리부터 겁내거나 포기할 필요는 없다. 발상의 전환은 어느 업태, 어느 업종에서나 발전과 효율을 가져온다는 사실만 잊지 않는다면 신고가 편중된 1월, 직원들의 한숨 소리는 얼마든지 날려 보낼 수 있게 될 것이다.

'일학습병행' 지원제도 활용하기

'일학습병행'이란 무엇일까

일학습병행 지원제도는 기업이 청년 등을 채용한 후 NCS(National Competency Standards, 국가직무능력표준) 기반으로 업무 현장 및 사업장 외에서 훈련을 실시하고, 평가를 통해 자격을 주는 교육훈련 제도이다. 쉽게 생각하면 고등학교 졸업 예정인 학생에게 대학교 공부와 직업에서의 업무를 같이 하도록 해서, 대학교에서 배우는 이론과 실무지식을 동시에 배우게 하는 일터 중심의 훈련이다.

일반적인 고용지원금에 대해서는 알고 있지만 일학습병행제에 대해서는 모르는 분이 많다. 지원금은 일학습병행제 직원 1명당 연간 약 1천만 원 정도 된다고 보면 된다. 2명을 채용하는 경우 연간 2천만 원을 총 2년간 지원받을 수 있다. 적지 않은 금액이다. 자세한 지원 대상 기업에 대한 정보는 직업훈련 포털에서 확인할 수 있으므로, 사이트에서 대상 기업이 되는지 확인하고 진행하면 된다. 일학습병행제를 채택한 대학, 고등학교와 연계해 진행이 많이 이루어지고 있으니, 조금만 알아보면 지역에서 진행하는 데 필요한 정보를 충분히 얻을 수 있다.

왜 일학습병행제를 해야 할까

우리 회사는 일학습병행제 대상이 되는 학생을 매년 1~2명 채용한다. 현재는 이에 해당하는 직원이 총 5명 근무 중이다. 이들을 채용해 직업훈련과 교육을 시키며 실무도 진행한다. 우리가 이들을 채용하는 데 고민하거나 주저하지 않는 이유는 단 하나다. 세무사 사무실에는 반복적인 업무가 상당히 많기 때문이다.

대부분의 세무사들은 이제 막 고등학교 졸업 예정인 학생을 신입으로 채용하는 일에 걱정부터 한다. 걱정하는 이유를 들어보면 물론 공감이 간다. 세무사 사무실은 사회생활 경험의 유무가 업무 성과에 상당한 영향을 미친다. 회계학과를 졸업한 신입 지원자보다 일반회사 인사팀에서 일한 경험이 있는 직원이 세무사 사무실에 더 적합할 정도인데, 그 이유는 세무사 사무실 직원에게 가장 중요한 것이 고객사와의 원활한 소통이기 때문이다.

세무사 사무실이 고객사의 만족도를 높이는 데에는 세법 지식보다 원활한 소통이 최우선일 정도로, 이 업계에서 '소통'은 매우 중요한 요소가 된다. 따라서 세법 지식은 있지만 실무에 활용하기는 어려운 정도로 얕은 공부를 한 직원보다는 차량 판매 영업직을 경험해 본 직원이 더 적합할 수 있다. 세법 지식은 없어도 고객 만족을 결정하는 부분은 역시 서비스적인 응대이기 때문이다.

결국 세무사 사무실에서 고객이 만족을 느낄 수 있는 부분은 장부를 얼마나 꼼꼼하게 처리했는지 확인하는 것보다는 나와 주로 통화하는 팀원이 소통을 얼마나 잘하느냐에 달려있다. 기장 이전을 희망하는 고객사를 만났을 때 주요 이유 중 하나로 여전히 '불친절'이 꼽히는 것도 같은 맥락이다. 사회 경험이 부족한 직원을 채용한다는 것은 '세법 지식과 사회 경험, 이 모든 것이 전부 걱정되는' 직원을 채용하게 되는 것이다.

이렇게 사회의 경험도 없고, 인생의 굴곡을 느껴본 적도 없으며 세법에 대한 이해도가 높지 않음에도 내가 일학습병행제를 채택하는 이유는 명확하다. 앞에서도 강조했듯, 세무사 사무실의 업무는 '반복적'이기 때문이다. 걱정부터 하는 세무사는 이들이 세법 전체에 대한 이해를 가지고 고객사의 세금 신고를 처음부터 끝까지 해야 한다고 '착각'하고는 이 제도의 도입을 망설인다. 그러나 전혀 아니다. 일학습병행제 직원은 어디까지나 업무 방식이 '반복적이고', '확정된' 업무를 맡아 진행할 뿐이다.

충분히 할 수 있는 일을 준다

우리 회사에서는 인사노무 파트에서 일학습병행제 직원이 직원 입사 및 퇴사로 인한 4대 보험 처리, 일용직 신고, 원천세 신고를 수행한다. 매달 반복되는 업무이기 때문에 몇 달만 경험하면 충분히 업무를 수행할 수 있다. 직원들의 만족도도 상당히 높다. 업무의 난도 자체가 높지 않아 부담감이 없기 때문일 것이다. 업무에 빠르게 적응만 해준다면 정부 보조금을 받는 세무사 사무실의 실제 인건비 지출도 줄어드니 상당한 이익이다.

더불어 회사는 일학습병행제의 의도를 정확하게 수행할 수 있게 된다. 경험이 없는 청년이 사회에 나가 본인의 역할을 할 수 있도록 서포트할 수 있고, 해당 직원은 학업을 병행하면서 일반 회사에서 하는 인사노무 파트에 대한 업무까지 완벽하게 숙지할 수 있으니까 말이다.

사회의 인재로 성장시키겠다는 마음이 필요하다

이렇듯 일학습병행제도는 고용주에게나 고용인력에게나 다 시너지를 가져오는 좋은 제도이다. 그렇다면 세무사는 일학습병행제를 어떤 마음으로 활용해야 할까? 단순하게 '지원금을 받으며 업무를 시키겠다'든지 혹은 '단순 반복적인 업무만 지시하면 쓰지 않을 이유는 없겠구나'라고 생각한다면, 일학습병행제를 도입하지 말라고 하고 싶다.

이 제도의 궁극적인 목적은 학생이 업무 현장에서 훈련하고 졸업할 때쯤에 사회에 빠르게 적응하게 도와주려는 것이다. 대학 공부하느라 어떨 때는 일찍 퇴근하기도 하는데, 회사에도 도움이 되어야 하니 지원금을 주는 것이다. 그냥 '싸게 쓰라고' 주는 지원금이 아니다. 무엇보다 사명감이 필요하다. 일학습병행제 직원에게 좋은 교육을 통해 학위도 확보하고 우리 사무실에서 배운 업무로 본인이 추후에 인생의 방향을 설정하는 데 밑거름이 되기를 바라는 마음 말이다.

우리 회사에서 처음 일학습병행제를 도입했을 때는 인사노무팀을 별도로 구분하고 있지 않았다. 기장 업무를 수행할 수 있도록 5개월 정도 훈련생들을 교육하고, 고객사 대응 시뮬레이션도 한 이후에 고객사 관리 업무를 시작하게 했다. 그런데 막상 해보니 훈련생들이 받는 스트레스가 상당하다는 것을 알게 되었다. 5개월간 교육을 받더라도 몇십 년간 사업한 고객사의 대표자들을 응대한다는 것이 쉽지 않았기 때문이다. 인생의 경륜을 무슨 수로 따라잡을 수 있겠나. 훈련생은 고객사에서 질의하는 내용을 알고 있지만, 대표자의 성향이나 말투에 따라서 답변하는 내용의 질이 달라졌다. 즉 주눅이 드는 것이었다. 젊은 사람이 인생을 많이 산 사람을 접하려니 드는 주눅이다. 마치 우리가 매출이 200억 원 정도 되는 제조업체와 미팅을 진행할 때 대표자의 포스나 아우라에 기가 죽어 할 말을 제대로 못 하는 것처럼 말이다.

이런 상황이 생겼을 때 일학습병행제 교육생을 더 채근해서 성과를 만들려고 하면 안 된다. 그러면 어떻게 해야 하느냐고? 업무를 수행하는 범위를 줄이면 된다. 그래서 우리 회사는 인사노무 팀을 별도로 만들었다. 결론적으로 일학습병행제 직원에게 좋은 환경에서 업무를 배우게 해야겠다는 사명감이 없었다면 인사노무팀을 분리하지 못했을 것이다. 그러면 일학습병행제 직원은 지속적으로 스트레스를 받았을 것이고, 고객사 역시 만족스럽지 못한 서비스를 받았다고 생각할 것이다.

일학습병행제 직원은 이제 막 고등학교를 졸업한 학생이다. 대학을 다니며 일까지 한다는 대견한 생각을 가지고 있다. 그것만으로도 '요즘 것'들과는 다른 사고를 가지고 있는 것이 분명하다. 따라서 도입하고자 하는 세무사 사무실 역시 훈련생이 업무에 잘 적응할 수 있도록 관심을 가지고 지켜봐 주어야 한다. 그래야만 그 직원이 회사에서 본인의 역할을 다하는 인재로 성장할 수 있다. 그 출발은 일학습병행제를 도입하고자 하는 세무사의 사명감, 즉 이 훈련생을 사회에 꼭 필요한 사람으로 교육시키겠다는 마음과 결심이라는 것을 잊지 말자. 그래야만 회사, 고객사, 훈련생 모두가 만족할 수 있다.

업무 범위를 확대하고 싶은 직원에게는

2020년쯤 일학습병행제를 통해 두 번째로 직원을 채용했을 때였다. 한 번의 경험을 통해 이미 훈련생의 업무 범위를 축소해 둔 상태였다. 그런데 훈련생과 면담하는 과정에서 요청이 있었다. 훈련생은 내게 "세무사님, 다른 친구들은 세무사 사무실에서 기장 전체를 다루면서 성장하고 있는 것 같아 부러울 때가 있어요. 저희도 그렇게 하면 안 될까요?"라고 요청해 왔다.

한 가지 업무를 똑 부러지고 정확하게 해내기만 한다면 그 사람은 어떤 기업에서도 필요하고 또 찾는 사람이 된다. 어중간한 지식과 경험을 가지고 실제로는 활용도가 떨어지는 직원보다는 하나라도 정확하게 아는 직원을 채용하는 것이 기업 입장에서는 이익이 되기 때문이다. 그런 직원을 채용하고자 하는 마음은 모든 인사담당자가 똑같이 먹는 마음일 것이다.

나는 일학습병행제 직원이 인사노무 파트를 정확하게 이해하고 실수 없이 처리할 수 있는 숙련도가 쌓이는 데 2년은 필요하다고 생각한다. 그렇기에 직원에게 이렇게 답했다. "지금은 인사노무팀의 업무가 익숙해져 가는 것 같으니 업무 범위를 확대하고 싶은 생각이 들지 몰라요. 하지만 정확하게 아는 것이 여러 업무를 해보았다는 것보다 더 중요할 때가 있습니다. 저는 하나라도 정확하게 아는 것이 필요하다고 생각해요. 그러니 우리 2년까지는 하나를 정확하게 배우는 데 시간을 쏟으면 좋겠어요. 틈틈이 기장 파트 업무도 수행할 수 있도록 교육할 테니 2년 후에는 업무 범위를 확대해 봅시다."

하나를 잘하게 되면 그와 관련된 다른 업무를 배우는 데 소모되는 시간이 절반으로 준다. 그 점을 기억해 주길 바란다.

콜센터처럼 응대하라

세무사 사무실은 콜센터이다

세무사 사무실에 전화했을 때 대부분 전화를 어떻게 받는지 생각해본 적이 있는가? 아마도 이렇게 받지 않을까? "네, 세무사 사무실입니다." 나 역시 이렇게 응답하는 것을 자주 들었다. 그런데 이동통신사나 온라인 쇼핑몰 등에 전화하면 어떻게 시작하는가? 회사명과 이름을 말하면서 전화를 받는다. 유독 세무사 사무실만 통화 교육에 대해 인색하다.

물론 '정성 세무회계'도 처음에는 통화 멘트의 중요성을 인지하지 못하고 그저 "네, 정성 세무회계입니다"라고 전화를 받았다. '전화 받는 것의 중요성을 인지하지 못했고, 고객사를 확보하느라 신경 쓸 겨를도 없었다'는 핑계를 대고 싶다. 하지만 개업 후 첫 번째 부가세 신고를 하고 난 뒤 세무사업에 대해 다시 정의를 하게 되었다. 그때 내가 내린 정의가 '세무사 사무실은 콜센터이다'였다.

첫 번째 이유는 업무의 중요한 내용들이 전화로 이루어지기 때문이다. 예를 들어, 음식점에서 스타렉스를 구입해 매입세액공제를 반영하는 부가세 신고를 진행 중이었다. 세무사 사무실에서는 국세청에서 고객사에 사업 사용 여부를 확인하는 과정이 이루어질 수 있으며, 업무용이 아니라고 판단하는 경우 매입세액이 불공제된다는 점을 반드시 안내할 것이다.

그런데 세무사 사무실에서는 중요한 고지를 메신저나 전화로 하게 된다. 우리 사무실의 경우에는 전화로 1차 안내를 하고 메신저로 2차 전달을 하는 방식으로 고지한다. 메신저로만 중요한 정보를 전달하는 방식은 조금 부담스러운 측면이 있다. 단순하게 메신저로만 정보를 남기면 중요한 정보라고 인지하지 못할 수 있고, 유선상으로 글을 풀어서 설명해 주지 않는 경우 고객사에서 이해하지 못할 수도 있기 때문이다. 그래서 여전히 세금 신고에 중요한 의사결정을 하는 데 필요한 정보의 안내는 전화로 이루어질 수밖에 없다.

두 번째는 통화내용을 정형화시킬 수 있다는 점이다. 고객과 통화를 많이 하는 부가세, 소득세, 법인세의 각 신고 기간에 고객사와의 통화내용, 즉 고객의 질문, 세무사 사무실의 답변, 세무사 사무실에서 고객사에게 요청해야 하는 정보안내 내용은 똑같다. 부가세 신고를 예로 들면 신고자료 요청부터 현금매출을 확인하는 과정, 신용카드의 사업용 사용 여부를 확인하는 내용의 대부분이

동일한 질의 답변으로 나가고 있다는 것이다. 이 말은 콜센터처럼 상당 부분의 질의 답변을 정형화시킬 수 있다는 말과 같다.

세무사 사무실은 콜센터라고 생각하고 나서 우리 회사에서 가장 먼저 한 일은 전화 받는 문구를 변경한 것이다. 변경한 문구는 "정성을 다하겠습니다. 정성 세무회계 전기주 세무사입니다"였다.

콜센터의 첫 번째는 녹취

녹취는 말 그대로 고객사와의 통화 전체를 녹음하는 일이다. 앞서 말했듯이 세무사 업무는 비슷비슷한 질의와 응답으로 이루어지므로, 통화 내용을 남겨둔다면 반복되는 답변을 하는 데 드는 시간을 줄일 수 있다. 그래서 세무사 사무실에 특화된 통화 녹취 프로그램을 개발해 우리 사무실에 도입했다(통화 녹취 프로그램에 대한 이야기는 5장에서 더 구체적으로 다루었다). 이 프로그램 도입 이후 부가세 신고 기간에 신고 대리 업체로부터 밤 8시에 전화가 왔다. "아니, 세무사님. 내 10년간 간이과세자 음식점 하면서 부가세 신고할 때 부가세 납부 나올 수도 있으니 세금계산서 받으라는 안내를 처음 받아봤는데요, 이게 맞는 겁니까?"

습관처럼 우선 통화를 안내한 신입직원을 불러서 확인해 보았다. "고객사에서 어떤 문의가 왔어요?" 직원은 "고객사에서 자료 전달이 안 되어 자료 요청한 것 말고는 없었습니다"라고 답했다. 우선은 알겠다고 이야기한 후 녹취를 들어봤더니 고객사에서 말한 것이 사실이었다. 조금 충격적이었다. 직원이 고객사와 주고받은 내용을 사실대로 전달해 주지 않았던 것이다.

통화 내용이 그대로만 전달된다면 고객사와의 문제를 대부분 해결할 수 있다. 잘못된 정보를 제공한 경우 수정하면 되고, 바로잡으면 되기 때문이다. 하지만 직원이 통화 전체의 흐름을 사실 그대로 전달하지 않거나 왜곡된 정보를 제공한다면 세무사는 틀린 판단을 할 수밖에 없다. 만약 이때도 통화 녹취가 없었다면 직원이 별 실수를 하지 않았는데 고객사에서 이상한 컴플레인을 제기하는구나 하고 생각했을 것이다. 그리고 그것이 몇 번 더 반복되면 정확한 정보를 확인해 보지도 못한 채 업체와의 계약을 종료했을 것이다. 그것이 직원이 받는 스트레스를 줄이는 것이라고 생각했을 테니 말이다.

개업 초기에 직원이 나에게 와서, 고객사에서 과한 요구를 하기에 어렵겠다고 이야기했더니 화를 너무 심하게 내서 이 업체의 일은 못 하겠다고 이야기한 적이 있었다. 그때 나는 직원의 요청을 받아들여 고객사와의 계약을 종료했다. 그 직원이 내게 그런 요청을 한 적은 처음이었기에 직원 말을 철석같이 믿었다. 하지만 사실관계를 확인할 수 있는 수단이 있었다면 더 적절한 대응을 할 수도 있지 않았을까?

또 직원이 알고 있는 지식수준이 굉장히 낮다는 점도 나에게는 충격이었다. 3개월간 교육을 한 이후에 신고대리업체를 배정하였고, 물어본 질문 역시 교육했던 것이었지만, 막상 실전에서는 당황

해서 틀린 정보를 제공한 것이다. 그렇다고 벌어질 예상 질문과 답변 내용을 전부 교육해서 실전에 투입할 수는 없지 않은가.

이는 비단 신입직원만의 문제는 아니다. 아무리 오래 근무한 경력자라 해도 고객과의 소통 능력이 부족한 직원들은 허다하다. 결국 세무사 사무실에서는 직원이 고객사와 소통하는 통화를 계속 확인하고, 부족한 부분을 전체 직원에게 교육하고 보완하는 방식으로 개선해 나가는 수밖에 없다. 결국 통화 녹취는 필수적이라는 생각으로 귀결된다.

치킨집보다 못한 고객 관리

회사로 기장 상담 요청 전화가 왔다. 우리 사무실의 경우 기장 상담 요청이 오면 안내하는 멘트가 정해져 있다. "기장 상담을 하고 싶은데 담당자가 있습니까?"라는 전화에 우리 회사 직원은 "기장 상담은 세무사님이 직접 진행하고 있습니다. 지금 전화 주신 번호로 상담 전화를 받으실 수 있도록 메모 남겨드리겠습니다. 010-xxxx-xxxx 번호로 전화 드리겠습니다. 통화는 언제 가능하시겠습니까?"라고 응대한다.

이렇게 통화 메모를 전달받은 업체에 방문했더니 기존의 세무대리인이 불만족스러워 옮기고 싶다고 하셨다. "3년 이상 거래했는데 옮기려는 이유가 있으신가요?"라고 물었더니 대표님의 답변은 이러했다. "제가 이 업체와 3년간 일하면서 팩스 번호를 20번 이상 알려줬습니다. 어제도 재무제표 요청을 했는데 또 팩스 번호를 물어보더라고요. 도대체 제 정보를 어떻게 관리하길래 매번 통화 때마다 물어보는지 이해할 수가 없어서요. 신뢰가 가지 않습니다"라는 것이었다.

종전 세무사 사무실에서는 아마 두 가지 경우 중 하나였으리라 짐작한다. 하나는 고객정보를 담당 직원의 PC나 구글 드라이브 같은 곳에 메모해 두었지만, 확인하고 보내기가 귀찮아 통화 때마다 다시 물었을 수 있다. 아니면 정말 고객정보를 관리하고 있지 않았던 경우일지도 모른다. 어떤 세무사 사무실에 전화하면 그 단순한 발신자 전화번호 팝업 창도 뜨지 않아, 매번 어디에서 전화했는지 확인하는 곳도 아직 많으니 말이다.

하지만 고객사의 기본정보는 통화가 시작되면 짠, 하고 PC 화면에 표시가 되어야만 한다. 고객사의 위치, 통화기록 내역, 최근 문의 기록, 팩스 번호, 대표자명 등이 수화기를 들 때 이미 표시되어야만 한다는 말이다. 요즘에는 치킨집에 전화로 주문해도 이렇게 응대한다. "네 정성 아파트, 104동 101호 전기주 님 맞으시지요?"

치킨집도 이 정도인데 세무를 한다는 세무사 사무실은 어때야 할까?

이게 되려면 수화기를 들었을 때 인식된 발신자 번호의 고객정보가 화면에 떠야 한다. 치킨집에서도 하는 고객사 기본정보의 관리와 전화기와 연결되는 프로그램을 세무사 사무실에서 이용하지 않는다는 것은 얼마나 고객 관리가 부족한 것인가. 하나를 보면 열을 안다고, 기존 거래처를 옮기려고 상담해 온 그 대표자는 열까지 갈 그 '하나'의 이유를 알아버렸던 것이다.

고객사와의 통화 일지

누구나 한 번쯤 통신사와 전화를 하다가 중간에 연결이 끊어진 적이 있을 것이다. 나 역시 통신사에 요금변경 건으로 통화하던 중에 급한 일로 업무 요청을 마무리하지 못하고 중단한 적이 있었다. 급한 업무를 마치고 다시 전화를 했을 때 통신사 담당자는 내게 이렇게 물었다.

"네, 전기주 고객님. 조금 전에 요청하신 요금제 변경 건으로 다시 전화 주신 것 맞으실까요?"

세무사 사무실에도 이런 시스템이 절실히 필요하다. 그래서 우리는 통화가 종료되면 업체와 통화한 내용을 간단하게 기입해 둔다. 그 이후에 업체로부터 다시 전화가 왔을 때 담당 직원이 수화기를 들면 고객사의 기본정보가 팝업 창으로 화면에 뜬다. 해당 화면에 최근 통화 일지 20건 정도가 같이 표시되는 것이다. 이렇게 담당 직원이 수화기를 들자마자 '언제 전화가 왔고 몇 분을 통화했으며 질문 내용은 비상장주식 매매계약서 요청이었구나'라는 것을 확인할 수 있어야 한다. 혹시나 어제 요청한 건을 처리하지 못했다면 먼저 고객사에게 "대표님, 어제 요청하셨던 비상장주식 매매계약서는 조금 있다가 발송해 드리려고 합니다. 혹시 이 건 때문에 전화 주신 것 맞으실까요?"라고 말했다면 어떨까?

사실 고객사 사장님은 화가 나 있는 상태였다. '이 자식이 어제 요청했으면 바로 처리해 줘야지, 또 전화하게 하네. 도대체 일을 어떻게 하는 거야?'라고 생각하고, 만약 깜빡하고 있었다면 담당 직원에게 화를 낼 생각이었다. 그런데 먼저 이야기함으로 인해서 굳이 늦은 이유를 설명하지 않더라도 화난 기분이 줄어들 것이다.

단순하게 이런 사례가 아니라 하더라도 관리자, 또는 세무사는 통화일지를 업무일지처럼 생각하고 매일 확인해야 한다. 굳이 직원들에게 퇴근 시간 20분 전부터 오늘 무슨 일을 했는지 고민하고 시간 소모를 하게 하느니, 통화 기록을 바로바로 남기는 것이 훨씬 더 효율적이다. 업무일지는 정보를 확인할 수 있는 데이터가 없지만 통화 기록은 녹취라는 데이터 기반이 있기에 직원이 정보를 왜곡해서 쓸 수도 없으며, 통화 기록을 건너뛰는 것도 불가능하기 때문이다.

결국은 고객이 느끼는 가치를 높이는 것

내가 처음 개업한 2013년에는 세무사 사무실에서 고객사의 대표자를 호칭할 때 대부분 '사장님'이라고 했다. 그리고 당시 나는 호칭을 '대표자'라고 부르는 단순한 콘셉트 변경만으로도 많은 고객사를 확보할 수 있었다. 콜센터처럼 관리하는 것은 호칭을 변경하는 단순한 콘셉트 변경 수준의 간략한 변경이다. 그저 프로그램만 사용하면 해결되는 문제다. 그런데도 이것을 하지 않을 이유가 있을까?

세무사 사무실 업무에서 통화 기록, 고객정보 팝업 창, 녹취는 필수적인 요소다. 우리 사무실의 직원들은 이제 이 프로그램이 없으면 불편해서 업무를 할 수 없을 정도로 활용도가 높다. 그 말은 다른 모든 세무사 사무실에서도 필요하다는 얘기다. 직원 수가 적거나 많거나 할 것 없이 다 필요하다. 아직도 '직원이 적어서 내가 모든 일을 다 알고 있으니 필요 없습니다'라고 생각하는 세무사님들은 없기를 바란다.

다시 말하지만 세무사 사무실은 '콜센터'다. 물론 우리는 단순한 콜센터에서 처리하는 정보보다는 높은 수준의 정보를 처리하지만 그래도 근본이 달라지는 것은 아니다. 전화에 대한 인식부터 변경하고, 가능하다면 콜센터가 가져야 할 세 가지를 충족시킬 수 있는 프로그램을 사용하기를 권장한다.

직원을 감독하지 말고 케어하라

세무사 사무실 직원의 현 실태

우리 사무실은 신입직원만을 채용해 성장시키는 시스템을 고집했다. 경력직원의 경우 기존에 일하는 방식보다 더 많은 관리를 해야 하는 우리 사무실의 업무 방식으로 변화시키려면 어려움이 있을 것이라는 선입견 때문이었다. 동종업계 사무실에서 일한 지 10년 이상 된 경력직원이라면, 대개는 본인만의 업무 방식이 정립되어 있는 경우가 많다. 그런 분에게 우리 사무실의 업무 틀에 맞추라고 하는 것에 대한 미안함도 있었다. '바뀌지 않을 텐데, 혹여나 우리 업무 방식에 적응하지 못한다면 힘들게 우리 회사에 입사를 결정한 직원에게 우리 사무실과 맞지 않는다는 사실을 어떻게 통보할 건가' 하는 미안한 마음 때문이었다.

그런데 코로나 이후로, 신입직원을 우선 채용한다는 우리 사무실의 방식은 어려움에 부딪히게 되었다. 팬데믹으로 인해 정부지원금이 늘어나면서 생산 인력들의 근로 의욕이 저하된 것이다. 예를 들어 청년내일채움공제의 경우 2년을 근속하면 2천만 원 정도를 직원이 수취하게 된다. 이렇다 보니 아직 젊은 직원들의 경우 이 돈을 받은 뒤 한동안 휴식을 취하고 싶은 마음이 든다. 장기근속을 유도하기 위해 만든 내일채움공제가 오히려 '2년 단기 근무'의 결과로 이어지는 이유가 된 것이다.

게다가 세무사 사무실은 상반기에 업무가 상당히 편중되어 있어 근무 여건이 좋지 않다. 또 신입으로 입사해 몇 년이 지나고 나면 일에 대한 회의감이 들기도 할 것이다. 매번 세금을 납부할 때마다 업체 대표님들을 설득하는 과정, 그러면서도 수수료를 청구해야 하는 어려움은 사회 초년생에게는 상당한 부담감으로 작용했을 테니 말이다.

이제는 세무사 사무실의 근무 여건을 개선하지 않고서는 훌륭한 직원이 장기근속하도록 유도하는 것이 어려워졌다는 것이다.

세무사는 고민 해결사가 되어야 한다

우리 회사의 고객사 중에는 인력 채용에 대한 걱정이 없는 중소기업이 있다. 매출 규모는 30억 원대 정도로 소형 제조법인이지만, 여성 대표님은 성장에 대한 자신감이 충만하셨다. 한 번은 미팅 중에 여쭈어봤다. "대표님, 계속 사업을 성장시키고 계시고 자신감도 있으신데, 그 비결이 뭔가요?"

사실 대부분의 중소기업인 매출 규모 100억 원대 이하까지는 성장비결을 영업력이라고 꼽는 분이 많다. 어느 회사의 인맥이 있어 발주를 받는데, 그게 수익률이 좋다는 식이다. 그런데 이분의 답은 의외였다. "우리 회사는 유능한 직원이 많습니다. 일을 가져오는 게 무섭지 않습니다. 어떤 요구도 수행할 수 있습니다. 설계부터 품질까지, 다른 회사에 비해 완성도를 높일 수 있는 인력으로 구성되어 있습니다. 그러니 계속 성장할 수밖에 없지요. 더욱이 우리를 찾는 대부분의 회사들이 이 점을 알고 있거든요"라는 것이었다.

의외의 답변에 한 방 맞은 기분이었다. 이 답변을 들으니 직원에 대한 고민의 답을 찾을 수 있을 것 같은 기대감이 생겨, 다시 질문했다. "그럼 유능한 직원을 채용하고 지속적으로 회사에 남도록 할 수 있는 노하우가 있습니까?" 대표님의 답은 이랬다.

"직원들이 가지고 있는 문제를 듣고, 해결해 주기 위해 노력합니다. 우리 설계팀장은 구미로 데려올 때 숙소 때문에 고민을 하길래 오피스텔을 하나 구해줬지요. 그리고 일을 시작하고 나니 혼자서 적적한데, 때마침 고향에 있는 부모가 결혼을 계속 재촉하며 고향으로 오라고 말씀하시니 고민이 되었나 봐요. 나에게 고민을 털어놓더라고요. 그래서 내가 참한 아가씨를 1명 소개해 결혼시켜 줬다 아닙니까. 그러니 우리 회사에 잘하지요. 그런 게 내 비결입니다."

직원의 고민을 들어주면 유능해진다

이 대표님의 말은 내 머리통을 연속으로 강하게 내리쳤다. 나는 직원의 어려움을 들어주고 공감해 준 적은 손에 꼽을 정도였다. 어느 순간 '꼰대'가 되어버린 것이 문제였다. 고민을 들어주기보다는 내 입장에서 직원의 고민 난도를 측정하는 습성이 있었다. "그 고민은 너무 쉽게 해결할 수 있는데 너무 많이 고민하는구나. 그냥 이렇게 생각해 봐, 그럼 편할 거야." 이런 식으로 말하곤 했던 것이다. 더불어 이런 속마음도 있었다. '고작 그런 고민으로 회사의 일에 집중을 못 한다는 거였냐?'

우리 회사에는 지각을 자주 하는 직원이 있다. 10분 정도씩 지각하는 경우가 너무 많았다. 하루는 어떤 연락도 없이 출근하지 않았고, 오전 내내 연락조차 되지 않았다. 책임감 없는 행동에 대해 질책하고 싶었지만, 고민 해결사가 되겠다고 다짐했기에 아프다고 하니 일단 회사 팀장에게 "원룸에 죽이라도 사서 걸어놓고 오세요"라고 말하고 나서 고민했다(그 직원은 자취생이다).

그리고 고민 끝에 나는 고민의 방향을 바꾸어보자고 생각했다. '어떻게 질책해야 이 행동이 바뀔까?'가 아니라 '이 친구가 일할 때는 본인의 역할을 충분히 하고 책임감도 있는데, 왜 근태에서만큼은 지각이 잦은 걸까? 그 이유가 뭘까?'라고 생각을 전환했다. 그리고 다음 날 직원과 면담하면서 물었다. "어제는 뭐 때문에 출근하지 못했어요?"

이런 내 경험을 들려주면 이렇게 반응하는 세무사도 있을 것이다. "도대체 그런 직원에게 우리가 왜 그렇게까지 공감해 줘야 합니까?" 그에 대한 나의 답변은 이렇다. "세무사님, 그렇게 생각하면 우리의 고민은 해결될 수 없어요." 앞선 경험에서 말했지만 우리가 유능한 직원을 데려올 자격을 가지려면 그들의 고민을 귀담아들을 수 있어야 한다.

내 질문에 직원은 머뭇머뭇하면서 답변했다. "세무사님, 사실 제가 허리디스크가 심합니다. 그래서 밤에 잠을 깊게 못 자요. 그렇다 보니 늦잠을 잘 때가 많아요. 죄송합니다."

이 부분은 사실 생각도 못 했던 일이었다. 그러고 보니 우리는 사무직이라 앉아 있는 시간이 많고, 그래서 허리가 안 좋은 직원이 많다. 나 역시도 허리가 좋지 않아 계속 운동하면서 근력을 만들고 있으니 말이다. "미안해요. 그런 걸 미리 몰라줘서. 허리 아픈 건 운동을 계속 해야 하니까 걷기부터 하고, 운동하면서 근육이 생기도록 노력해 봅시다"라고 말하고 지속적으로 그 직원에 대한 관심을 보였다. 이후에도 그 직원이 건강을 위해 꾸준히 운동을 하는지 체크하고, 병원도 소개하는 등 노력을 이어갔다.

혹자는 이렇게 말할 수도 있다. "에이 세무사님, 그건 핑계일 수도 있어요. 그런 말을 우째 믿습니까?"

그렇지만 직원이 하는 말의 진실 여부보다 중요한 건 우리의 믿음이다. 당신과 회사를 위해 일해주고 있는 직원이라면 믿어라. 그리고 그런 관심이 고마웠는지, 실제로도 그날 이후로는 지각하는 일이 사라졌다. 관심과 고민을 들어주는 것만으로도 직원의 업무 집중력을 높일 수 있다는 것을 느끼게 된 계기였다.

2013년 개업 초기만 하더라도 세무사 사무실에서 일할 인력은 넘쳐났다. 직원의 고민을 들어주고 공감해 줄 필요가 크게 없었다. 지금은 다르다. 직원의 고민을 들어주고 업무 집중에 방해되는 요인을 해결해 주기 위한 해결사가 되어야 한다. 그래야 유능한 직원이 우리 곁에 남을 수 있다.

지출은 적되 근무 여건은 좋게 만드는 시도를 하자

고민만 들어준다고 해서 인력 풀이 개선되지는 않는다. 우리는 더 나은 회사, 사회 분위기에 맞는 근무 여건을 만들기 위해 노력해야만 한다. 앞으로 이런 노력 없이는 직원과 함께 일을 해나갈 수 없다. 제일 좋은 건 역시나 급여 수준을 높이는 것이다. 하지만 이 부분에는 한계가 있다. 고객사와의 고가 수임 계약 조건이 충족되면서 동시에 그 업무를 처리할 수 있는 역량 있는 직원까지 동시에 만족되기는 어렵기 때문이다. 특히나 고가 수임 계약의 고객사가 많다는 것은 지금으로선 꿈같은 가정이기에, 우리의 답이 될 수 없다. 지출은 늘지 않더라도 근무 여건이 좋은 방향으로 갈 수 있도록 만들어야 한다.

우리 회사에서 실시하고 있는 것은 크게 세 가지다.

첫 번째는 근무시간 유연제다. 8시, 9시, 10시의 출근 시간 중에 하나를 선택해서 근무시간을 채우게 하는 것이다.

두 번째는 근무시간을 7시간으로 단축하는 것이다. 사실 직원이 적을 때에는 근무시간 단축이 큰 부담감으로 다가오지 않는다. 하지만 직원이 많다면 근무시간 단축은 상당한 손해로 다가올 수 있다. 따라서 이런 믿음을 가져야 가능하다. '우리 사무실 직원은 주어진 업무시간 내에 본인이 주어진 업무를 수행할 수 있는 역량이 있고, 근무시간이 많을 때보다 더 좋은 성과를 낼 수 있을 거야' 라고 말이다. 혹시 도입한다면 세무사 스스로가 굳게 직원에 대한 믿음을 가지고 있는 상태여야 하며, 직원에게 내 생각을 진심을 담아 전달하기 바란다. 사무실의 전 직원이 그 마음을 공감해 줄 것이고, 우리의 믿음을 배신하지 않을 것이다.

세 번째는 연차를 쪼개서 사용할 수 있도록 하는 것이다. 자녀가 있는 세무사라면 다 알 것이다. 나를 똑 닮은 애한테는 나의 전부를 내주어도 아깝지 않고, 좋은 환경에서 성장할 수 있도록 지원하고 싶은 마음을 말이다. 전날에 고열이 오르거나 아침에 수액이라도 맞히고 유치원에 보내야 하는 상황이라면 어떨까. 직원 입장에서 생각해 보자. 핏덩이 같은 자식이 아파서 안 그래도 마음이 아픈데, 오늘 해야만 하는 업무 때문에 출근할 수밖에 없다. 그럴 때 2시간이라도 연차를 쓸 수 있다면 얼마나 좋겠는가. 연차를 쪼개서 사용할 수 있으면 자녀를 양육하는 직원에게는 큰 도움이 되니, 반드시 반영하도록 하라.

답은 없다

얼마 전 경력자 면접을 봤는데 참 대단하다는 생각이 들었던 사례가 있다. 고객사의 요청이 있었는데, 그는 혹시나 자신이 메모를 잘못했을 경우를 대비해서 개인 핸드폰으로 고객사와의 전체 통화를 녹음해 두었고, 고객사가 어떤 요청을 했는지 또는 자신이 어떤 안내를 했는지 떠오르지 않을 때 그 녹음파일을 활용해 가며 일했다는 것이다. "그렇게 하면 본인 핸드폰 번호가 노출되어서 저녁에도 연락이 올 수가 있는데, 왜 그랬어요?"라고 물어보니 그렇게 해야만 문제해결에 도움이 되고, 생각만큼 고객사에서 저녁에 연락하는 경우는 많지 않아 괜찮다는 답변이 돌아왔다. 많이 놀랐다.

우리는 사람들이 생각하는 '일'에 대한 인식이 변화되는 기점에서 있다. '더 가족에 집중하기 위해 일을 그만두려고 합니다', '꿈을 위해 다른 일을 배우고 싶습니다'와 같은 다양한 퇴직 사유가 가능한 시대에 진입한 것이다. 인식이 좋은 회사라고 해서 마냥 인재를 잡아둘 수 없는 시대다.

하지만 앞선 경험처럼 숨겨져 있는 훌륭한 원석을 발견해 같이 일하고 싶은데, 시대가 변해 그 기회를 잡을 수 없게 되는 일들도 빈번해지는 시대가 아닌가. 이때는 회사가 아무리 좋은 복지정책을 내놓아도 통하지 않을 것이다. 집값을 잡으려고 아무리 정책을 쏟아내도 올라가는 추세를 잡을 수는 없었던 것을 경험해 보았지 않은가.

일에 대한 생각이 바뀌는 사회문화를 우리가 어찌할 수는 없다.

하지만 좋은 회사가 되려고 노력하고, 좋은 직원을 채용하려는 노력을 지속적으로 해야 하는 이유도 역시 여전히 존재한다. 직원의 문제는 하나의 솔루션으로 해결되지 않는다. 좋은 직원을 지속적으로 선순환시키는 것만이 해결책이다. 나는 그것이 직원을 감독하지 않고 돌보는 회사, 직원의 성장과 뜻을 같이하는 회사에 있다고 생각한다.

좋은 대표 밑에 좋은 직원이 모인다. 이 말은 내가 지금껏 사회생활을 해오면서 느낀, 변하지 않는 진리다. 내가 좋은 사람이 되면, 우리 직원이 좋은 사람이 된다는 믿음만 있다면, 리더와 직원 모두 동반 성장하는 회사는 얼마든지 가능하다고 확신한다.

고객사의 요구 수준을 수치화, 계량화하라

조정료는 세금을 적게 납부하도록 해준 대가일까

개업한 이후 첫 번째 법인세 신고 때였다. 나와 계약할 때 사업을 시작한 법인 대표자로부터 전화가 걸려왔다.

"세무사님, 직원에게 조정료 청구서를 받았는데요. 이 조정료가 어떤 명목으로 발생하는 건가요?"

첫 번째 법인세 신고를 하는 고객사 입장에서 청구되는 수수료가 어떤 명목인지 궁금한 것은 당연했다. 하지만 내 입장에서는 많이 고민해 보지 않았던 문제였다. 개업 초기 나의 관심사는 매달 나가는 임차료와 직원 2명의 인건비를 확보하기 위해 고객사를 늘리는 데에만 집중되어 있었으므로, 고객사에 청구하는 비용의 명목을 생각해 볼 시간이 없었던 것이다.

다행히도 기장 계약 체결 당시 계약서에 조정료 보수표가 기재되어 있었고, 그 내용을 계약할 때 반드시 언급해 놓은 터였다. 보수표는 매출액 대비 일정한 비율로 보수를 책정하는 방식으로, 세무사들은 일반적으로 이 보수표에 근거해 비용을 받는다. 나 역시 고객사와 계약할 때 이 부분을 명확히 말씀드린다. 그 고객에게도 "대표님, 당기 예상 매출액은 10억 원 정도이니 계약서의 보수표에 적용하면 약 300만 원 정도가 기장료 외에 별도로 3월에 청구된다는 점 참고 부탁드립니다. 매출액이 예상보다 높다면 청구액은 올라갑니다"라고 설명한 상태였다. 그래서 고객사가 조정료 명목에 대해 문의하는 것에 크게 당황하지 않을 수 있었고, 이에 매출액 대비 보수표에 따라 책정된 금액임을 다시 한번 설명하면서 "법인세 신고 시에 재무제표를 작성하며 발생하는 추가용역에 대한 수수료 청구입니다"라는 설명으로 대응할 수 있었다.

그런데 고객사는 다른 의문을 또 제기했다.

"저희 모임에 나오는 다른 업체 사장님은 세무사의 조정료를 세금을 적게 납부하도록 해준 데 대한 수수료라고 하던데, 그것과는 좀 다르네요?"

나는 그 고객사 대표의 말을 듣고 적잖이 당황했다. 세무사에서 조정료를 청구하는 이유가 '세금을 적게 납부하도록 해주는 대가'라고 생각한다니, 그 말이 과연 맞는 것일까? 그럼 세무사는 가공비용을 장부에 반영하며 수수료를 청구한다는 것이 될 텐데……. 나는 그제야 내가 세무사를 운영하면서 정작 사업의 가장 중요한 고민인, 고객사에서 지불하는 돈의 '이유'를 깊게 생각하지 않았다는 것을 깨달았다.

수수료는 달라져야 한다

고민 없는 돈의 청구 방식은 현재 세무업계에서 저가 시장이 확장되는 가장 큰 이유이다. 집을 짓는다고 상상해 보자. 집을 짓고자 하는 건축주 대부분이 시공사에 하는 질문은 "평당 얼마에 집을 지을 수 있을까요?"이다. 도면이라도 들고 견적을 확인하면 그나마 다행이지만 대부분은 그냥 말로만 견적을 주고받는다.

더 재미있는 사실은 시공사들의 태도다. 이들은 도면이나 시방서(어떤 자재를 사용하고 시공방식은 어떻게 할 것인지 설명해놓은 서류)를 보지도 않고 "평당 ○○입니다"라고 설명한다는 것이다. 건축주는 바보이고 시공사는 무책임하다.

집을 짓다 보면 외벽 하나만으로도 수많은 변수가 생기는 것을 알 수 있다. 골조의 콘크리트 두께, 철근의 양, 사용하는 단열재의 종류, 단열재를 골조에 부착하는 방식, 창문 틈과 골조의 마감 방식, 단열재 부착 후에 사용할 외장재 등 수많은 가격 변수들이 있다. 그리고 이 변수들은 평당 100만 원 이상의 차이를 발생시킬 수도 있다. 그러니 시공사에서 "3억 원에 짓게 해줄게요"라고 시작한 공사에는 하자가 많다. 시공사는 돈을 벌어야 하고, 건축주는 적은 돈으로 좋은 집을 지으려 하므로, 서로의 욕심이 충돌하기 때문이다. 먼저 집을 지어본 주변 지인들로부터 외벽공사에 들어가는 단열재는 무조건 A제품으로 해야 된다는 조언을 들은 건축주는 시공사에 제품 업그레이드를 요구하고, A제품 단열재로 상향할 경우 손해를 감수해야 할 시공사는 지붕에 시공할 방수 공정을 뺀다. 결국 그 집은 비가 오면 지붕에서 물이 새는 부실시공 건물이 되고 만다.

기장을 하는 것도 한 회사의 집을 짓는 것과 같다. 장부를 구성하는 수많은 작업이 있고, 용역을 수행하는 직원과 업무 수행과정에 따라 회사 장부의 품질에도 상당한 차이가 생기게 된다. 하다못해 인건비의 차인지급액(세금 등을 떼고 실제 받는 지급액)을 계산해서 고객사에 전달하는 방식도, EDI를 조회해 실제 지급액으로 하는 세무대리인도 있지만 급여를 입력하면 자동 계산되는 차인지급액을 전달할 수도 있다. 각각의 방법에 따른 용역 투입시간의 차이는 상당하다.

통화 혹은 메신저로 고객사에서 물어오는 질의/답변 역시 마찬가지다. 단순하게 실무진이 응답할 수도 있겠지만, 그 경우 고객사가 만족할 만한 수준의 답변이 아닐 수 있고, 틀린 정보가 전달될 수도 있다. 그렇다고 질의 내용을 내부에서 검토한 뒤 서면으로 전달한다면 투입되는 시간이 늘게 된다.

우리가 업무를 어떻게 하는지에 따라 고객사에서 느끼는 만족도와 가치가 달라지는 것은 명백하다. 더불어 고객사에서 요구하는 수준에 따라서 청구하는 수수료에도 차등이 생겨야 하며, 그것이 바로 고객이 지불해야 하는 돈이 되는 것이다. 만약 요구하는 수준을 충족시켜 주면서도 적절한 수수료를 청구하지 못하면 손해 보는 장사를 하게 된다. 어느 날 고객사로부터 요청 전화를 받았는데 통화종료 후에 '아, 이런 것까지 해줘야 하나. 이거, 일을 계속해야 되는 고객사가 아닌 것 같은데'라는 생각이 든다면 그 사업체는 기장을 하면서 손해를 보고 있는 것이다. 돈을 많이 준다면 왜 일을 하지 않겠나. 여기서 쟁점은 우리가 고객사에게 요구한 수준에 맞춰 적절한 수수료를 청구하고 있는지, 고객사도 그 수수료에 대해 수긍하고 있는지의 여부이다.

계량화 수치화의 기본은 통화 시간과 메신저

고객사 중에는 세금 관리를 철저하게 하는 데 관심을 많이 쏟는 업체가 있다. 그런 관심은 결국 질의와 요구로 이어지며, 그런 질의와 요구는 결국 전화나 메신저를 통해 사무실에 연락하는 것으로 나타난다. 그래서 우리도 통화 시간이나 메신저로 문의하는 질의 내용들을 체크해야 한다.

통화나 메신저로 고객사가 요구하는 정도가 지나치게 많다면, 우리는 각각의 업무에 따른 투입시간을 확인해 별도의 수수료를 청구하거나 기장료 인상을 검토해야 한다. 손해를 보며 장사를 할 수는 없으니 말이다. 물론 손해를 보더라도 투자 개념으로 유지하고 있는 고객사라면 이야기가 다르겠지만.

직원들은 늘 일이 많다고 한다. 그런데 많은 세무사가 단순하게 담당하고 있는 고객사의 수에 따라 업무량을 판단한다. 월 10만 원을 받는 개인사업자 하나라고 하더라도 월 50만 원 받는 법인사업자보다 업무량이 많은 업체가 있을 수 있는데 말이다. 또 직원이 담당하고 있는 고객사가 1년에 부가세, 소득세 이외에는 전화나 문의가 전혀 없는 업체가 대부분을 차지하고 있는데도, 단순히 기장 개수가 많다는 이유로 업무량을 조정하는 일도 생긴다. 이 같은 문제점은 통화 시간과 메신저를 분석하면 모두 해결될 수 있다.

통화 시간과 메신저를 분석하는 방법

CRM 프로그램을 이용하면 1년간 이루어지고 있는 통화 시간을 엑셀로 변환할 수 있다.

CRM 프로그램에는 고객별로 통화시간이 얼마나 되는지 집계되어야 하며 그것이 엑셀로 변환이 되어야 한다. 대부분의 CRM 프로그램은 통화 수발신할 때 고객별로 분류해 주는 기능을 가지고 있다. 팝업창 기능이 CRM 프로그램에서는 핵심이고, 팝업창이 컴퓨터에서 뜰 때 일반적으로 수발신 번호에 해당하는 고객의 통화기록과 통화시간이 분류가 되어 팝업창에 표시되는 식이다.

그러나 우리는 단순한 분류에 그치지 않고 고객이 요구하고 있는 서비스 수준이 어느 정도가 되는지 파악하고 분석해야 한다. 그러기 위해서는 기간별, 고객별로 통화시간이 기록된 내용을 엑셀로 변환해 저장하는 기능이 필요하다. 엑셀 변환만 된다고 하면 1년간 있었던 고객과의 통화시간 누적 집계를 빠른 시간 내에 확인할 수 있기 때문이다.

카카오톡 등의 메신저 역시 마찬가지다. 카카오톡 채팅창에서 주고받은 내용을 텍스트 파일로 저장할 수 있는 기능이 있다. 텍스트 파일을 추출한 후에 엑셀로 프로그래밍하게 되면 원하는 정보를 빠르게 정리 가능하다. 예를 들어 고객으로부터 질문이 얼마나 되는지 그 수와 내용을 쉽게 파악할 수 있고, 약간의 디자인만 짠다면 빠른 시간 내에 보고서 작성도 가능하다.

그 이후 우리에게 일어날 변화

세무사 사무실에서 해야 할 일은 우리 사무실에서 고객사를 위한 업무를 처리하는 데 투입하고 있는 시간을 수치화하는 일이다. 이 작업을 하지 못하면 고객사는 지불하는 수수료에 대해 수긍하지 못해 비싸다고 생각할 것이고, 세무사는 세무사대로 돈을 제대로 받지 못하고 일한다고 생각하거나, 사무실 직원들이 일이 많다고 불만을 토로해도 업무량을 제대로 판단하지 못하는 문제가 지속적으로 생길 것이다. 그리고 이것은 그대로 세무사 사무실의 성장을 방해하는 요인이 된다.

고객사의 요구 수준을 수치화, 계량화하는 일은 이런 문제점과 성장을 방해하는 요인을 제거할 수 있는 효율 높은 방법이자 유일한 방법이다. 세무사 사무소가 고객에게 어떤 일을 해주는지 일목요연하게 보여주고, 직원들에게는 고객사의 업무를 계량화, 수치화해 관리한다면 고객사와 세무사 양측이 모두 수수료 면에서 이의를 제기하지 않고 원활하게 운영할 수 있을 것이다.

어떤 이는 세무 업무를 어떻게 계량화하고 수치화하느냐고, 고객의 질의응답이나 고객사별로 업무량의 수준을 어떤 기준으로 가늠하느냐고 묻겠지만, 통화 시간과 메신저만 분석해도 많은 부분이 해결된다. 그리고 이런 발상의 전환이 우리에게 가져올 변화는 매우 뚜렷하게 나타날 것이다.

에버노트로 정리하라

세무사 사무실의 고객사 자료, 과연 안녕한가

세무사 사무실에서 보관하고 있는 업체 관련 파일은 보안에 신경 쓸 수밖에 없는 자료들로 구성되어 있다. 4대 보험 가입을 위해 수취하는 직원의 인적사항부터 법인고객사의 예금거래 내역 및 보험가입 내역까지, 법인세 신고 기초자료로 수취한다. 하지만 세무사 사무실의 자료 보관 형태는 허술하기 그지없다.

대부분의 사무실은 고객사로부터 이메일, 팩스 등을 받아 본인 PC에 저장하는 방식을 쓴다. 그런데 이렇게 저장하는 방법에는 두 가지 문제가 있다. 첫 번째, 저장한 PC의 하드에 문제가 생길 경우 업체로부터 수취한 파일 전체를 복구할 수 없는 문제가 발생할 수 있다. 대비책이 없기 때문에 살릴 길도 없는 것이다. 하드 복원 업체를 찾아 시도해 볼 수밖에 없다.

이런 문제를 보완하기 위해 별도의 서버에 매일 하드 백업을 한다면 파일을 날리는 일은 막을 수 있다. 하지만 어떤 세무사 사무실에서도 하드 전체를 백업하지는 않는다. 아마 그 이유는 하드 자체에 문제가 생기는 확률이 대단히 낮아서, 중요성을 인지하지 못하기 때문일 것이다. 하지만 1%의 발생할 확률이라도 대비해야만 하는 것이 데이터다. 한편으로는 어쩌면 과거에 고객사로부터 수취한 파일 보유 목록이 없는 것도 또 다른 이유일 수 있다. 뭘 받았는지를 모르니 어떤 것을 보호해야 하는지도 모르는 것이다.

지금 바로 직원들의 PC를 열람해 어떤 식으로 파일을 보관하는지 확인해 보라. 대부분 바탕화면에 저장해 놓고 신고서에 반영한 뒤, 어딘지 모를 폴더에 파일을 보관할 것이다. 개중에는 다음에 찾을 것을 대비해 업체별로 파일 폴더를 만들고 그 안에 연도별, 또는 신고별로 수취한 파일을 저장해 둔 직원도 있을 것이다. 하지만 이렇게 해두어도 필요한 자료를 그때그때 찾을 수는 없다. 어떤 파일이든 랜덤으로 작년도 것을 찾아올 수 있는지 확인해 보면 얼마나 허술한지 쉽게 알 수 있을 것이다. 그래도 다행인 것은 대부분의 세무대리인이 세무 프로그램(더존 혹은 세무사랑)에 대해서는 백업을 하고 있기 때문에, 프로그램에 입력되어 있는 DB는 소실되지 않고 관리된다는 것이다.

두 번째는 업체로부터 수취한 파일을 찾을 수 없는 문제다. PC 어딘가에 저장되어 있지만 찾을 수 없으니 그 파일은 이미 소멸된 것이나 다름없다. 개업 초기에는 어떻게 하면 쉽게 찾을 수 있을까 고민하다가 한 가지 방법을 생각해 보았다. 저장할 때 파일명을 지저분하게 하는 것이다. 예를 들면 리스 스케줄표를 2021년 수취해 파일로 저장한다면 이름을 '20220122정성세무회계허3425리스상환표, 리스스케줄표' 이렇게 달아 저장하는 것이다. 이렇게 파일 수취 날짜, 고객사명, 관련 업무를 파일명에 모두 기록해 두면 검색할 때 파일명에서 찾아낼 수 있는 가능성이 높아진다.

하지만 이 방식은 조금 지나 포기했다. 직원들이 이렇게 저장하는 것을 습관화하지 못했기 때문이다. 바쁜 와중에 쉽게 검색될 수 있는 이름까지 생각하면서 저장하는 것이 쉽지 않은 것 같았다. 아무리 요구해도 개선이 잘 되지 않았고, 더욱이 그렇게 저장한들 직원이 파일을 검색하는 것도 쉽지 않아 했다. 왜냐하면 직관적으로 눈에 보이지 않고, 더불어 업무의 순서대로 저장되어 있지도 않기 때문이다. 예를 들어 '2022년 11월 30일 해외주식 양도건'이라는 업무 안에는 해외 현지법인의 감사보고서, 금융권 이체 내역, 원화 환산 산정 근거, 양도계약서 등으로 구분해 정리되어 있어야 파일을 직관적으로 확인할 수 있고, 업무별로 쫓아갈 수 있는데 말이다.

저장하는 방식

이런 문제점 때문에 우리 사무실에서는 에버노트를 활용해 파일을 저장한다. 에버노트는 '노트북, 노트, 노트 상세'의 3단 형태로 구성되어 있다.

| 에버노트 메인 화면 |

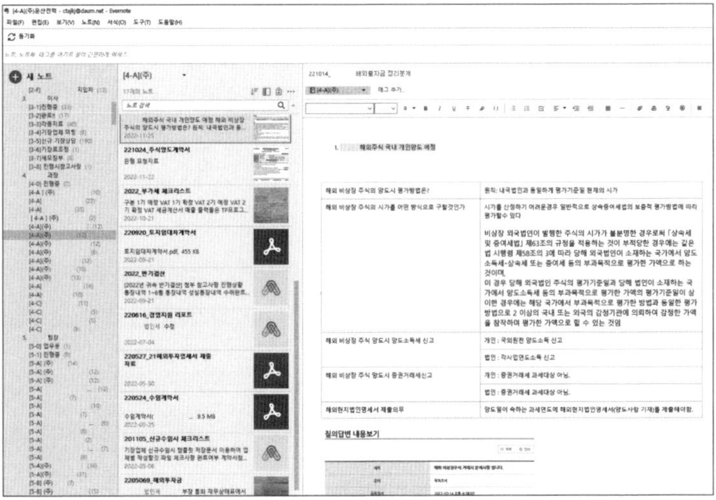

| 에버노트의 구성 화면 |

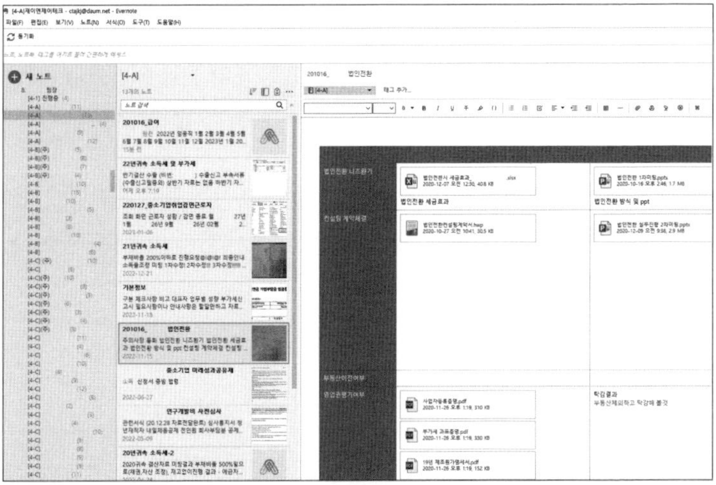

노트북은 직원별로 별도의 챕터 번호를 부여해 구성한다. 예를 들어 직원 A, B, C 3명이 있다면 노트북의 구성은 아래와 같다.

| 노트북 구성 화면 |

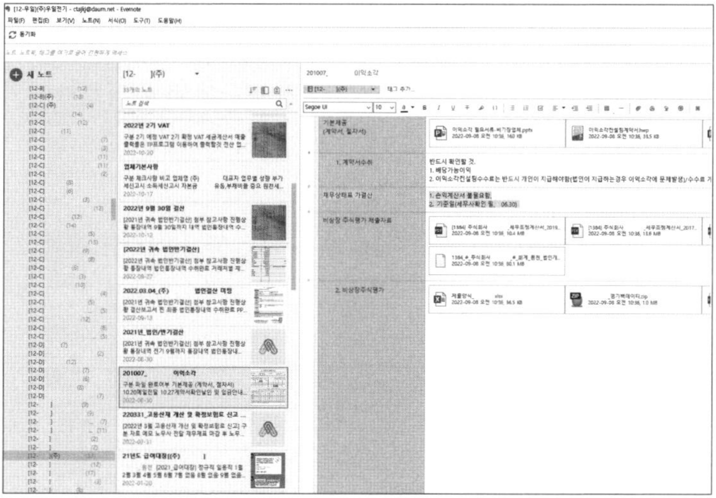

노트북

직원별로 챕터를 구성해서 각자 맡은 고객사를 기입해 넣는다. 번호 부여 방식은 이렇다. [1-1]에서 앞의 1은 직원 A의 담당을 의미하고, 뒤의 1은 첫 번째 업체라는 의미이다. 자연스럽게, [1-2]는 직원 A가 맡고 있는 두 번째 업체를 의미한다. 계속 사용하다가 업체의 난도, 또는 계약금액에 따라 우선순위를 부여하는 표기를 추가해도 좋다. 이렇게 하면 관리자가 직원별로 담당하고 있는 업체 종류를 한눈에 파악하기가 훨씬 쉽다.

노트

노트는 노트북에 해당하는 관련 업체의 상세한 파일들이라고 생각하면 된다. 예를 들어 노트북에서 '[1-1] A전력'을 클릭하면 A전력과 관련된 보관 파일철이 노트에 뜬다. 앞의 숫자 '201105', '220725', '221105'의 의미는 파일을 수취한 날짜, 또는 업무가 진행된 날짜를 나타낸다. 노트는 날짜별로 정렬되기 때문에 해당 업체의 파일 혹은 업무 히스토리의 흐름을 한눈에 파악할 수 있다.

노트 상세

노트 상세는 말 그대로 노트에 있는 히스토리의 상세한 설명이 들어있는 곳이다. 일례로 노트 중 '221105_해외현지법인양도세신고'를 클릭하면 노트 상세가 나온다. 이 페이지는 원하는 대로 구성할 수 있는데, 우리 회사는 여기에 받은 파일과 더불어 업무 히스토리 또는 이 업무를 하며 고려했던 사항까지 같이 기록해 둔다. 이렇게 해두면 파일을 보면서 체크했던 내용이 같이 기록되어 있으므로, 몇 년이 지난 뒤에 보더라도 해당 업무를 떠올리기가 편하다.

더불어서 비슷한 업무를 진행할 때 이 노트 페이지를 참고하면 고려할 특기사항뿐 아니라 받아야 하는 서류까지 알 수 있으니, 업무 노하우까지 같이 쌓여 좋다. 추후에 특정 업무 프로젝트를 할 때에는 이 노트 상세 페이지를 복사해서 업무 카드를 부여한 이후에 진행하면 누락되는 것 없이 진행할 수 있는 노하우도 생길 것이다.

더 좋은 방법도 많다

여기 소개한 에버노트보다 고객 관리를 더 잘하고 고객 자료도 더 잘 보관할 수 있는 방법은 얼마든지 있다. 하지만 사용하는 것이 너무 많아지면 직원들이 이중으로 보관작업을 해야 하니 너무 늘리지 말자. 에버노트만으로도 충분하다. 이것만 잘 작성되어 있어도 업무가 훨씬 편하다. 우리 회사는 모든 직원이 볼 수 있게 파일을 보관하고 쉽게 찾기 위한 수단으로 에버노트를 사용한다.

에버노트는 PDF 파일을 열어야만 나오는 글자까지 검색해서 결과물을 보여주기 때문에 윈도우에서 파일을 검색하는 것보다 효과적이다. 더불어 여러 가지 장점이 있다. 업무별로 페이지를 생성해서 진행순서나 주의사항들을 기록해 두고 계속 복사해서 사용할 수 있으니 업무의 질이 올라간다. 법인전환이라는 프로젝트를 신규 컨설팅할 때 종전에 했던 노트 페이지를 복사해서 참조하면 시간도 절약되고 훨씬 일이 수월해진다. 또한 해당 업체의 업무 히스토리가 날짜별로 정리되어 있으므로 직원이 변동되어도 인수인계가 필요 없다. 특정 날짜에 발생한 이벤트들이 다 기록되어 있으니 업체 노트북만 복사해서 변경할 담당자로 이전하면 인수인계 끝이다.

4장

SPURT

매출을 10배 성장시키는 영업 루틴 7

철저하게 세일즈하는 세무사가 돼라

전문직은 '이것'을 하는 업종이다

2022년 여름 한 병과의 원장님과 반기 결산 미팅을 하기 위해 해당 병원에 찾아갔다. 반기 미팅의 목적은 현재까지의 소득과 내년 소득세 신고 시 예상되는 소득을 체크하고 소득세에 대비하는 것이다. 미팅 중에 상반기 소득이 전년도에 비해 감소했다고 언급하니 원장님의 표정이 조금 굳는다. 코로나로 일부 병과에서는 매출이 줄어드는 현상이 발생한 것도 사실이니 너무 의미를 부여하지는 마시라고 말씀드렸다. 그랬더니 원장님이 웃으면서 하시는 말씀이 이랬다. "세무사님이 하시는 거나 병원이나 이제 서비스직이 된 지가 오래입니다. 더 여러 가지로 시도해 봐야겠다는 생각이 드네요."

나야 처음부터 가진 것 없었고 빠르게 개업했으니 서비스라도 잘해야지, 하는 마음으로 시작한 것이 맞지만 의사들은 10년 넘게 고생해서 의사가 되고 대출까지 받아가며 개원했는데, 녹록지 않은 현실에 힘들어하는 분들이 많다. 그리고 그런 분들을 보면 마음 한쪽이 짠하다. 5년 전만 하더라도 뉴스에서 의사들 간에도 소득 격차가 매우 크다는 이야기를 들으면 다들 코웃음을 쳤다. 실제로는 개원만 하면 다들 돈을 잘 벌었기 때문이다.

그런데 지금은 정말 달라졌다. 서비스직 마인드가 없으면 신규 환자를 내원하게 만드는 것도 쉽지 않다. 지역 맘카페에서 '불친절하다'고 찍히면 원장이 아무리 명의라 할지라도 진료를 받으러 오지 않는다. 그야말로 서비스직인 것이다. 의사도 그런데 세무사는 어련할까. 이제는 의사도 변호사도 세무사도, 당연히 서비스직이다.

세무사도 영업 사원입니다

서비스직이라고 하면 기본적으로 장착해야 하는 마인드가 있다. 이것은 확실한 전문 영역을 구축해 놓은 세무사님들도 모두 마찬가지이다. 가끔 나도 남들이 아무도 모르는 획기적인 컨설팅 비법을 가져서, 을로 살고 싶지 않다는 상상을 한다. 하지만 나에게 그런 비법이 있다면, 짧은 기간 동안 갑질을 할 수 있을지는 모르지만 길게 가지 못할 것이다. 그리고 서비스 마인드 없이 계약한 고객사는 반드시 나를 떠난다. 결국 특별한 절세비법이 있거나, 어려운 재산세에 대해 확고한 자기만의 영역을 구축했거나 하는 전문적인 자격과 노하우를 갖췄다 하더라도 기본으로 장착해야 할 '마인드' 없이는 불가능하다는 이야기다. 그 마인드란 전문가인 이들이 스스로를 서비스직의 영업 사원이라고 생각하는 것이다.

처음 사무실을 차리고 직원이 10명쯤 되어갈 때 지인 세무사님으로부터 요청을 받았다. 개업 3년 차에 접어든 후배 세무사 1명이 있는데, 아직 직원을 채용할 정도의 고객사를 확보하지 못해 고민이 많으니 그 고민을 해결해 주면 좋겠다는 것이었다. 우리 사무실에서 그 세무사를 만나보았더니 세법 지식은 너무 준비가 잘 되어 있었다. 이 경우, 원인은 하나였다. 그 원인을 짐작한 내가 물었다.

"세무사님, 혹시 출근하고 나서 무얼 하시나요?"

"고객사에서 요청한 업무를 봅니다."

내 짐작은 그대로 맞아떨어졌다. 이 세무사님은 출근하자마자 사무실 문을 꼭 걸어 닫고는 기존 거래처인 고객사 일만 열심히, 성실히 하고 있었던 것이다. 그러니 새로운 고객사가 확보되지 않을 수밖에……. 이런 세무사들은 자신이 '영업 사원'이라는 생각을 하고 있지 않으니 고객사가 늘지 않는 것이다.

밥벌이가 영업에 달린 것이 영업 사원이다. 문 닫고 사무실에 앉아만 있으면 누구도 밥벌이를 던져주지 않는다. 먹고사는 문제에 자존심이 어디 있나. 우선 먹고살 준비를 만들어놓고 자존심을 챙기든지 말든지, 그때 생각해야 하는 것이다.

"나는 사람을 만나면 덜덜 떨려서 영업을 못 하겠어요"라고 한다면 그 세무사는 선택해야 한다. 개업을 포기하고 취직을 하든지, 아니면 자신의 마음에 있는 영업에 대한 장벽을 부숴버리든지. 본인 스스로가 영업 사원이 되겠다는 자각이 없으면 어떤 방법을 써도 고객사를 확보할 수 없다.

미팅 없이는 세일즈 기회도 없다

영업 사원이 제일 가치 있게 생각하는 것이 무엇인지 생각해 본 적 있는가? 바로 고객 데이터베이스(DB)이다. 사업장 위치, 대표자 이름, 연락처 등이 기재된 고객 DB가 영업 사원이 생각하는 가장 중요한 자산이고, 투자 가치가 있는 정보이다. 왜냐하면 영업이 되려면, 세일즈를 하려면 상대방을 만나야 하기 때문이다. 미팅이 없다면 세일즈 기회도 없다. 그러니 고객정보에 가장 중요한 가치를 두는 것이다.

세무사의 미팅 기회는 어떻게 만들까? 현재는 고객정보 관리를 매우 중요하게 생각하고 있으므로 DB를 확보하거나 미팅 기회를 만드는 일은 점점 더 어려워지고 있다. 하지만 그렇다고 전혀 기회가 없는 것은 아니다. 예를 들면 '세모장부'나 '웹캐시' 같은 애플리케이션에서 고객과의 접점을 제공해 주고 있다. 이들 회사는 세무사를 통해서 고객이 가지고 있는 세금 문제를 해결하거나 상담을 해줄 수 있고, 세무사는 고객사와 만날 수 있는 계기를 얻어 고객과 세무사가 모두 만족할 수 있도록 중개인 역할을 하고 있다. 개업 초기 세무사라면 이런 기회를 제공해 주는 회사와 관계를 구축해 고객사와의 접점을 만들어야만 한다.

그런데 이런 방법을 이야기해 드리면 간혹 오해하는 세무사도 있다. 이런 앱을 이용하면 즉시 고객과 만날 수 있게 된다는 오해이다. 고객의 정보라는 것이 세무사에게 꼭 필요한 고객사만 모아 놓은 정보라는 의미는 아니다. 그러니 그 고객정보가 곧바로 미팅과 연결되지는 않는다. 미팅으로 연결하는 것은 세무사 각자가 어떻게 하느냐에 따라 달라지는 문제다. 세상에 거저먹을 수 있는 열매는 없다. 비단 세모장부나 웹캐시뿐만 아니라 여러 가지 고객 DB를 가지고 있는 회사들이 제공해 주는 정보도 마찬가지다. 어떻게 활용하는지는 세무사 본인의 능력이다.

하루 5콜 3방문

영업의 기본은 꾸준하게 만나는 것이다. 나는 미팅을 하기 위해서 하루에 고객사에 평균 5콜을 한다. 그리고 그중 세 곳의 고객사를 정해 실제로 방문한다. 이것이 내가 1년간 고객사 200군데와 계약할 수 있었던 비밀이다.

기존 고객사에 콜을 하는 경우에는 해당 고객사에 필요한 정보를 제공하기 위한 미팅을 진행하려 한다는 간단한 안내와 함께 미팅 시간을 조율하면 된다. 이때는 기존 고객사 한 군데에서 열 군데 이상의 고객사를 소개해 줄 수도 있다. 추가로 10개의 계약이 나올 수도 있는 상황에서 '해줄 말도 없는데 기존 고객사에 가서 굳이 또 무슨 이야기를 할까?'라고 생각하는 세무사가 과연 있을까? 어떻게 하든 필요한 정보를 뽑아서 미팅을 나가게 되어 있다.

고객사에 전할 말은 반드시 있다. 제공하기 위한 정보를 준비하는 것만으로도 공부이며, 업무 프로세스 개선으로 이어진다. 거기에 기존 고객사에 더해 다른 소개까지 받을 수 있으니 얼마나 좋은가. 제일 쉬운 고객사 확보 방법이다.

하지만 그만큼 단점도 있다. 새로운 고객사를 소개받기까지 시간이 걸린다는 점이다. 미팅으로 신뢰가 생겨 지인 대표를 세무사에게 소개시켜주고 싶더라도, 직접 나서서 "세무사 바꿔볼래?"라고 선뜻 말하기는 어렵다. 결국 지인이 "너희 일 해주는 세무사는 일 잘하나?"라고 물어보기 전까지는 나를 소개할 기회가 만들어지기 어렵다.

신규 고객사에 전화를 하는 경우에는 상당한 인내심이 필요하다. 제일 어려운 방법이다. 당신은 마케팅 전화가 걸려오면 친절하게 받는가? 대개는 그렇지 않을 것이다. "인터넷 통신회사를 바꾸면 제공하는 혜택에 대해 설명해 드리려고 전화를 걸었다"라고 말하는 순간 우리는 "필요 없어요"라고 하며 기분 나쁘게 전화를 끊어버린다. 세무사도 새로운 고객사에게 세금 상담을 해주겠다고 전화하면, 상대는 그와 같은 전화 영업에 대해서와 같이 대응한다. "필요 없어요", "끊어요"는 보통이고, 심하면 "이제 세무사도 전화로 영업을 하는가 봐"라는 자존심을 후벼 파는 말까지 들을 각오를 해야 한다.

사실 그럴 수밖에 없다. 우리가 신규 고객사에게 전화를 하는 시점에 그들은 세무사와 계약을 하겠다는 마음을 가지고 있었던 것도 아니고, 세무사에게 궁금한 상담 내용이 있었던 것도 아니기 때문이다. 필요하지도 않은데, 귀찮게 걸려오는 전화일 뿐이니 당연하다. 이렇게 세일즈는 어렵다. 필요하지 않거나 필요하다는 인식을 하지 못한 사람에게 서비스를 팔아야 하기 때문이다. 그러나 영업을 성공으로 이끌 수 있는 비법이 있다. 그 비법을 알려주겠다.

"안녕하세요, 정성 세무회계 사무소의 대표세무사 전기주입니다. 대표님에게 필요한 세무 상담을 무료로 2시간 제공하고 있습니다. 상담을 받은 대표님들 모두 수백만 원의 세금을 절세할 수 있었다며 만족하시는 혜택입니다. 이번에 무료 상담을 받아보시면 분명히 도움이 될 것입니다. 미팅 시간을 잡아서 조율해 드리고 싶습니다" 이런 콜 문구를 기반으로 전화를 돌리는 것이다.

그렇다면 언제까지 전화를 해야 할까? 3번의 미팅을 잡을 때까지 전화하면 된다. 이게 비법이다. 이런 전화를 할 때는 생각하지 않고 해야 한다. 확률 게임을 한다고 생각하면 훨씬 마음이 편하다. '어라? 그래, 안 그래도 거래하는 세무사가 궁금한 거 잘 답변도 안 해주는데, 다른 대표들이 수백만 원의 세금을 줄이며 만족했다는 공짜 상담이니 나도 한번 받아봐야겠다'라고 생각하는 고객사와 통화가 될 때까지 말이다. 분명 좋지 않은 말도 많이 들을 것이다. 하지만 우리는 세무 상담이 필요하다는 생각을 하지 않고 있던 사람에게 전화하는 것이므로, 당연하다고 생각하며 스스로의 멘탈을 보호하기 바란다.

비법은 단순해야 한다

고객사를 500군데 이상 확보하고 있는 세무사들에게 비법을 물어본다면 특별한 방법이 있을까? 없다. 다만 그들이 가지고 있는 공통적인 특징 두 가지가 있다. 본인 스스로를 영업 사원처럼 생각했던 시기가 있었다는 점과 고객과 만나기 위해 어떤 방법을 꾸준하게 계속해 왔다는 점이다.

나의 경우는 나이가 어렸던 상황에서 빨리 개업했기에, 자연스럽게 내가 영업 사원이라는 생각을 하고 있었다. 하루 3번 이상의 미팅을 가지기 위해, 고객과 만나기 위한 방법으로 계속 전화 영업을 했던 것이다. 그리고 그렇게 1년간 했더니 200개의 고객사를 확보할 수 있었다. 단순하며 누구나 할 수 있는 방법이다. 누구는 이렇게 하는데 누구는 못 할 이유가 있을까? 차이점은 두 가지뿐이다. 나도 영업 사원이라는 인식 그리고 될 때까지 꾸준하게 하는 것.

고액의 영업 사원은 최고의 벤치마킹 상대

지식이 전부가 아니다

나는 개업 1년 차 때부터 카드사 영업 사원과 협업해서 지금까지 일을 진행하고 있다. 카드사 영업 사원은 사업자 카드를 발급받아 부가세 혜택과 소득세 경비처리를 원활하게 받을 수 있다는 식으로 고객사 영업을 한다. 그 와중에 고객에게 세금에 대한 의문점이 발생하면 우리 회사로 질의를 하고, 우리는 답변을 한다. 답변 내용에 고객들이 만족하면 우리 세무사 쪽으로 기장을 요청하게 되는, 서로 협업하는 방식이다.

이들은 우리에게 고객의 질문을 전달할 때도 있지만, 본인이 카드 영업을 하다가 알고 있는 내용이 맞는지 확인하고 싶을 때도 질의를 해온다. 예를 들면 "간이과세자인데도 사업자 카드를 발급받는 것이 유리할까요?" 등의 질문이다. 재미있는 것은 우리와 협업하는 영업 사원은 대부분 연 수입이 1억 원 이상인, 상당히 영업 수완이 좋은 분들이라는 점이다.

한 가지 분야에 탁월한 성과를 내는 사람들은 대부분 똑똑하다. 그런데 저 똑같은 질문을 10년 동안 토씨 하나 틀리지 않고 한다. 나는 영업력이 좋은 분들은 대화의 맥락을 파악하거나 기억하는 데 상당한 재능이 있다고 생각하며, 실제로 대부분의 사람들이 그런 능력을 가지고 있었다. 그런데 근 10년간 같은 질문을 매년 반복한다는 것은 도대체 어떤 의미일까 싶어 곰곰이 생각해 봤다.

내 생각은 이렇다. 그분들의 기억 보관소에는 세법 지식이 없다는 것이다. 왜냐하면 세법 지식을 중요하게 생각할 필요가 없기 때문이다. "세법 지식이 있는 영업 사원이 될래, 아니면 그냥 영업 사원 할래?"라고 물으면 당연히 세법 지식이 있는 영업 사원이 되겠다고 할 것이다. 하지만 고액 연봉을 받기 위해 세법 지식이 필수적인 요소는 아니라고 생각하는 것이다. 그러니 기억하고 있을 필요가 없다. 연 영업수당 1억 원 이상을 위해서 가장 필요한 건 영업 본능일 뿐이다.

우리가 하는 일은 지식과 경험을 파는 일이다. 우리에게는 당연히 세법 지식이 더 중요하다. 카드를 파는 영업 사원이 아니니까. 다만 지식에만 매달려 정말로 고객이 가려워하는 부분을 긁어주지 못하는 경우가 너무 많다. 세무사에는 두 가지 부류가 있는데 한 부류는 본인이 알고 있는 범주 안에서 지식을 제공하려는 세무사이고, 또 다른 한 부류는 전체 지식을 꿰뚫고 있지만 필드에서 일어나고 있는 특성은 고려하지 않는 세무사다. 그리고 두 부류 모두 잘못되었다.

사실 일선에서 일하는 세무사들에게 오는 질문의 상당수는 시험 합격 때 공부했던 세법 이해만으로도 충분히 올바른 가이드를 제시할 수 있다고 생각한다. 이렇게 기본적으로 지식은 가지고 있으니, 이제는 가려운 부분을 긁어줄 수 있는 능력을 키우는 것이 어떨까?

수수료가 싸다고 되는 것도 아니다

개인사업을 하는 지인이 생명보험 설계사를 소개해 달라고 요청한 적이 있었다. 본인에게 혹시 불상사가 생기면 가족들이 경제활동을 할 수 있는 준비가 되어 있지 않아, 보험을 들어놔야겠다고 생각한 것 같다.

그때 나는 개업 초기라 보험사 대상으로 강의를 하고 있지 않았다. 해서 지인에게 "월 300만 원 정도의 생명보험에 가입하려는 사람이 있는데, 소개해 주려고 한다. 어떻게 진행하면 되나"라고 물어봤다. 그런데 역시 설계사는 달랐다. 즉시 나와 미팅할 수 있는 시간을 물어보고 시간을 조율했다. 또 미팅 시에는 가입자에게 혜택을 주기 위한 몇 가지 제안을 가지고 왔다. 다만 그 혜택이 가입 희망자가 원하던 것이 아니어서 계약이 성사되지는 못했지만 말이다.

최근에는 1년에 10억 원 이상의 수당을 받는 설계사의 이야기를 들은 적이 있다. 그 설계사는 보험을 체결하면서 고객에게 별다른 혜택을 제공하지는 않는다고 했다. 그러니까 월납 400만 원짜리 종신보험을 체결해도, 가입 고객에게 대단한 금전적 혜택을 제공하지 않는다는 말이다. 보험회사에서 나오는 수건, 또는 연말 세미나 같은 곳에 초청하는 것으로 가입 선물은 끝이라고 한다.

보험을 월납 400만 원 정도로 한다면 설계사가 받는 수당은 900%, 즉 3,600만 원 정도가 될 텐데, 고객이 감동할 만한 혜택을 주지 않는다니 놀라운 일 아닌가? 비단 특정인 한 사람만 그런 것이 아니라 고액 수당을 받는 설계사들 대부분이 그런 특징을 가지고 있었다.

이 경험에서 우리가 알 수 있는 것은 금전적인 혜택으로 우량 고객과의 계약이 이루어지는 것은 아니라는 사실이다. 거꾸로 이는 기장료가 싸거나 조정료를 싸게 제시하는 것으로는 영업의 한계에 부딪힌다는 말이 된다. 즉 10만 원이냐 50만 원이냐가 중요한 것이 아니라, 세무대리인이 제공해 주는 서비스가 내가 원하는 것을 충족시키느냐의 문제일 수도 있을 것이다. 혹은 세무대리인이 제공하는 서비스 종류나 형태보다 세무사 본인이 풍기는 느낌을 더 중요하게 생각하는 대표자들도 있을 것이다. 어찌 되었든 정답은 돈으로 계약을 유인하는 것은 영업력을 높이는 답이 아니라는 사실이다.

미안해서 미칠 것 같아요

2022년 6월, 개업 초기부터 함께했던 한 대표님과 미팅을 했다. 그런데 이 대표님이 ○○설계사의 이름을 이야기하며 "세무사님도 아시지요?"라고 물어왔다. 이분은 보험사 강의, 설계사와 고객 동행으로 알게 된 분은 아니었다. 2년 전쯤에 이 설계사가 고객사에 영업을 왔을 때 고객사 대표님이 우리 사무실 칭찬을 너무 많이 했던 것이다. 그래서 설계사분과 첫 미팅을 했을 때 들었던 말씀이 기억난다.

"제가 필드에서 10년간 영업하면서 이렇게 칭찬을 많이 듣는 세무사님은 처음이라, 뵙자고 요청을 드렸습니다. 제 고객들 중에서 궁금한 것이 있는 분이나, 제가 해결이 안 되는 부분은 세무사님께 요청드려도 될까요?"

정말, 말만 들어도 기분 좋아지는 멘트 아닌가?

어쨌든 이 설계사가 고객사 대표님에게 일주일에 3일 이상은 찾아온다는 것이다. 매번 올 때마다 빈손으로 오는 것이 아니라 도움이 될 만한 정보를 가져다 놓으면서 말이다. 한번은 본인이 출장 중이라 자리를 비웠을 때에도 사무실에 와서 경리에게 정부 자금에 대한 자료와 설명을 해주고 갔다며 "아, 정말로 고맙기는 한데 참 미안해서 죽겠다니까요"라는 말씀을 하셨다. 이쯤 되면 금액이 얼마가 될지는 모르나 계약은 이루어진다고 보면 된다.

대표자의 마음을 흔드는 것. 설계사들은 그런 것을 정말 잘한다. 하지만 우리 세무사도 감동을 주는 영업이나 멘트를 얼마든지 배울 수 있고, 그런 것을 조금만 배워도 금방 성장할 수 있다. 게다가 우리에겐 라이선스까지 있지 않은가.

제일 좋은 것은 그들과 함께 해보는 것

현재 개업 세무사들 중에서 신선한 바람을 일으키는 분들은 세 가지 경험적 특징을 가지고 있다. 즉 소프트웨어 개발 경험이 있거나, 보험회사 경험이 있거나, 또는 마케팅사에 경험이 있는 것이다. 이 세 분야를 경험한 사람 중에 필드에서 눈에 띄는 성과를 내는 이들이 많다.

만약 특별한 경험이 없는 고시 출신 세무사거나 국세청 출신 세무사에게는 보험사를 경험해 보라고 추천하고 싶다. 하루 종일 고객만 생각하는 직업이 보험 설계사다. 아침에 출근해서 고객을 위한 세미나를 하고, 하루에 몇 명의 고객과 통화와 미팅을 하는 것을 철저히 지킨다. 그들이 수년간 경험해 온 것에 대한 교육시스템 개발도 매우 잘 되어 있다. 심지어 세일즈 경험이 없는 설계사를 위해 경험자가 동행해 현장을 느끼는 교육까지 해준다. 이처럼 영업은 현장에 답이 있다. 실제 현장에서 어떤 식으로 고객을 만나고 대화하며 이끌어가는지를 직접 보고 느껴야 한다. 그리고 그 현장을 가장 잘 다루고 가장 잘 아는 사람들이 바로 보험 설계사나 카드사 영업 사원이다.

모든 고객사가 만족하는 세무사는 없다

예전엔 맞았고 지금은 틀린 업무시간

세무 업무를 하다 보면 사업의 유형에 따라, 또는 대표자의 성향에 따라서 세무대리인에게 업무시간 외에 전화를 요청하는 경우가 있다. 병원의 경우에는 진료가 끝나는 저녁 시간에 전화를 요청하는 경우가 종종 있다. 나는 저녁 7시에 전화 상담을 하는 일에 대해 어떻게 생각을 정리할지 오랫동안 고민해 왔다. 정말 병원 사업이 저녁 시간밖에는 통화할 짬이 없을 정도로 바쁘다면, 업무 외 시간이라도 몇 번쯤은 전화를 받아주고 상담을 해야 하는 게 아닐까, 하는 생각을 하면서 말이다.

이에 대한 본격적인 고민은 사실 거래처가 200개 정도 확보된 이후였다. 그전에는 저녁 시간에 전화가 와도 스트레스를 전혀 받지 않았다. 오히려 전화해 주는 고객이 있다는 것에 감사했고, 저녁 상담으로 새로운 고객이 창출될 수 있을 것 같은 기대감에 즐겁기까지 했다. 그런데 어느 날부터인가, 저녁에는 나도 쉬어야 하는데 당연한 권리인 양 전화하는 고객사의 전화를 받으며 스트레스를 받기 시작했다.

결국 내 고민은, 나의 성장을 위해서는 저녁에도 상담 서비스를 하는 것이 도움이 될 텐데, 이제는 내가 초심을 잃어버려 못하게 된 것일까 하는 우려에서 시작된 것이었다. 또 전화를 받지 않으면 새로운 고객사를 얻을 수도 있는 기회를 잃지 않을까 하는 걱정이 또 다른 축을 형성하고 있다는 것도 알게 되었다.

일할 때 일하고, 쉴 때 쉬어야 한다

그러나 업무시간에 집중할 수 있는 환경을 만들고, 그 외 시간에는 쉬어야 한다는 원칙을 세우는 일은 무엇보다 중요하다는 생각이 들었다. 게다가 수백 개의 거래처를 신고하며 알게 된 비밀은, 업무 외 시간에 전화를 하는 고객사는 늘 그 시간에만 전화한다는 사실이다. 낮 시간에 통화할 수 있는데도 본인들이 더 편하게 전화할 수 있는 저녁 시간에 상담을 해오는 것이다.

이들이 업무시간에 전화할 수 없다는 것은 핑계이자 거짓말이라는 생각이 들었다. 게다가 점심시간을 활용해도 되지 않은가? 왜 저녁 시간밖에 안 된다고 할까? 혹시 이런 생각을 가지고 있는 고객사일까? '우리 회사 사장님은 시간당 백만 원은 버는 고수익자

이니 업무시간에 더 집중하려면 점심시간 같은 휴식 시간에는 반드시 휴식을 취해야 한다'라고 말이다. 그러니 점심시간은 본인의 휴식 시간이고, 일과가 끝나고 통화하는 것이 맞다고 판단하는 것이다.

어느 정도는 맞는 말이다. 그런데 그 사실을 왜 세무대리인이 양해해야 하는가? 그렇게 시간이 중요한 분이라면 업무시간에 자신을 대신해서 일을 봐줄 수 있는 사람을 찾는 것이 당연한 것 아닐까? 그러니 고액 연봉자들이 비서를 채용하거나 운전기사를 뽑는 것 아니겠는가?

당연함을 가지는 순간 고마움은 없어진다

그렇게 생각이 미치자 업무시간 외의 상담에 대한 생각을 정리하는 일이 수월해졌다. 또 업무시간 외의 근무에 대해서는 이런 생각도 더불어 해봐야 한다. 그것은 바로 업무 외에도 전화를 받는 나의 추가 서비스에 대해 당사자가 고마워하고 있는가의 여부다.

모든 사람이 그렇다고 단정할 수는 없지만, 당연함을 가지는 순간 고마움은 사라진다. 만약 당장 저녁에 전화하는 고객사의 전화를 받지 않으면 고객사는 이렇게 생각할 것이다. '아이고, 우리 세무사. 예전에는 저녁에도 전화 다 받더니만 이제 편해졌는가, 전화 안 받네.'

그 말은 추가 서비스, 그러니까 업무 외의 시간에도 상담하는 것에 대해 지금껏 고마워하지 않았다는 뜻이다. 물론 세무사업의 특성상, 세무사 업무를 해주는 것에 대해 지속적으로 고맙게 생각하는 관계를 유지할 수는 없을 것이다. 그러나 세무사 입장에서 설령 미래 잠재고객을 확보하기 위한 투자라고 생각한다 해도, 고마워한다면 의미라도 있으니 지치지는 않을 텐데.

그중에서도 제일 큰 걱정은 과연 '이 사장으로부터 새로운 고객 창출이 될 것인지, 즉 미래의 잠재고객을 확보하기 위한 투자가 될 것인지에 대해 확신이 없다는 점이었다. '만약 내가 업무 외 시간에 서비스를 하면 더 나은 기회가 올 수도 있지 않을까?'라는 생각도 할 수는 있다. 그러나 그럴 확률은 없거나, 있어도 아주 극히 드물다. 업무 외의 시간에 전화를 하는 고객사는 정해져 있다. 그리고 그 고객사들은 그것이 추가 서비스이며 굉장히 고마운 일이라고는 생각하지 않을 가능성이 높다. 그러니 당연히 추가로 고객사가 연결되는 것도 쉽지 않다. 어쩌면 내가 받고 있는 돈에 이미 야간 상담 수당까지 포함되어 있다고 생각할지도 모른다.

긴급한 문제가 생겼다면 어쩌나 하고 생각할 수도 있지만, 역시 기우에 불과하다. 세무대리인에게 긴급을 요하는 일이 있을까? 없다. 하지만 세무조사를 받고 있는 시기라면 납세자가 세무대리인에게 심리적으로 많은 의지를 할 수 있다. 또 사업상 회의감이 많이 드는 등 많이 불안해할 수도 있다. 따라서 이런 경우는 예외로 두는 편이 좋다.

어찌 되었든 세무 대리를 하며 긴급을 요하는 상황이란 세무조사 시기 이외에는 없다. 납세자 본인은 긴급한 사안이라고 생각할 수 있지만, 사실관계를 파악하려면 어차피 업무시간이 되어야 하고, 저녁에 통화해 봐야 해결 방법은 나오지 않는다. 그저 사장님 마음이 지금 급할 뿐이다.

당신은 초심을 잃은 것이 아니다

세무대리인이라는 직업은 아주 오랜 기간 해야 하는 장기 프로젝트 업무다. 많은 돈을 벌 수는 없지만, 꾸준하게 안정적으로 경제활동을 할 수 있다는 것이 세무사라는 직업의 가장 큰 장점이다. 안정성과 지속성이 있다는 말이다. 그런데 지속성을 가지기 위해 반드시 필요한 것이 적은 스트레스와 충분한 휴식이다. 한 달에 10만 원 내외의 돈을 받으면서 스트레스는 다 받고, 제대로 쉬지도 못한다면 세무사라는 직업을 가질 필요가 없다. 차라리 일반 회사의 재무팀장으로 취직하는 것이 훨씬 낫다.

초심이라는 것에는 고객을 대하는 태도가 포함될 수 있다. 서비스직에서 고객을 받는 통화의 중요성은 두말하면 입 아프다. 그렇지만 업무 외의 시간에까지 해야 하는 것은 아니다. 그러므로 당신이 처음에는 업무 외의 시간에까지 일을 했지만, 어느 순간 저녁에는 전화를 받지 않는다고 해서 초심을 잃은 것은 아니라고 생각해야 한다. 그간은 무료로 고객사에게 많은 헌신을 했구나, 그동안 스스로를 채찍질하며 참 노력했구나 하고 스스로를 토닥여주기 바란다.

만약 저녁에 통화를 받지 않아 고객사로부터 변했다는 소리를 듣거나, 더 나아가 세무대리인을 변경하는 경우마저 생긴다면 다시 한번 스스로를 토닥여라. '생각했던 것보다 더 많이 고생했구나, 너', '고마움을 느끼지도 않는 고객사에게 헌신하느라 정말 고생했다'라고.

처음 개업할 때는 내세울 것도 없으니 '24시간 통화 가능'이라고 해야 한다는 분들도 있을 수 있다. 세무사님은 이미 자리 다 잡았으니 그렇게 쉽게 말할 수 있지, 언제든지 부르면 달려가야 고객사를 늘릴 수 있을 것 아니냐고 말이다. 그런 분들께는 앞에 서술했던 것을 다시 한번 보라고 말씀드리고 싶다. 24시간 통화를 원하는 서비스를 원하는 사람은 정해져 있다. 그들은 세무사의 24시간 서비스에 대해 고마워하지 않으며, 오히려 그것이 자신의 당연한 권리라고 생각한다. 그러니 고객사를 추가로 확보하는 데 큰 도움이 되지 않는다.

업무시간을 지켜야 하는 더 중요한 이유

업무시간을 지켜야 하는 더 중요한 이유는 또 있다. 만약 첫 고객사부터 야간 응대가 가능하다는 콘셉트로 마케팅해 수임하면, 늘 저녁 시간대에 전화하는 고객사들만 확보될 것이다. 그리고 이런 현상은 결국 세무사업에 안 좋은 영향을 끼친다.

이런 점이 아니더라도 계속해서 야간상담 서비스를 제공하는 것은 사실상 불가능에 가깝다. 세무사도 쉬어야 한다. 야간에 상담을 한다고 해서 그만큼 수임료를 올려 받는 것도 아니다. 내가 필요할 때 언제든지 통화가 되어야 하는 것이 계약조건인 사람에게 돈을 더 줘가면서 그렇게 하겠다는 고객사가 나올 가능성은 없기 때문이다.

사업을 할 때 초심을 지켜야 하는 것은 맞다. 그리고 초심이라는 말에 고객사를 응대하는 방법과 일을 원만하게 하기 위한 노력이 포함되는 것도 맞다. 다만 거기에 야간 응대라는 무료 서비스까지 포함되는 것은 아니다. 서비스는 어디까지나 서비스일 뿐, 더 이상 무료 서비스를 제공하지 않는다고 해서 초심을 잃었다고 생각할 필요는 없다.

그러니 업무시간에만 집중하겠다고 다짐하고, 더 이상 걱정하지 말자. 업무시간에 더 친절하게 잘하는 것이 초심을 찾는 방법이다. 또 처음부터 업무 외의 시간까지 서비스를 제공하겠다는 다짐은 하지 말자. 업무시간에 고객사에게 더 나은 정보를 제공하기 위해 노력하는 것이 고객사를 위한 길이다.

고객사가 많은 것이 능사는 아니다

코로나 팬데믹 이후 업무를 하는 데에도 많은 변화가 일어나고 있다. 그중에서도 제일 큰 변화는 자신과 맞지 않으면 더 이상 일하지 않는 문화가 중소기업 단위에서부터 발생하고 있다는 것이다. 특히 서비스 직종의 경우 이런 경향이 더 크다고 한다. 예전에는 돈만 조금 더 준다면 일할 사람이 많았는데, 지금은 돈을 더 준다고 해도 사람이 없으니 어떻게 해야 할지 모르겠다는 말이 모든 산업에서 들려온다.

시장 상황이 이렇다 보니 개업하는 세무사들이 모든 것을 다 해 줄 수 있을 것 같은 에너지로 밀어붙인다면, 즉 과도한 서비스를 동일한 가격에 제공해 준다면 고객사를 많이 확보할 수 있을 것이라고 여길지도 모른다. 이 생각이 맞는지 확인하기 위해 인터넷에 '세무사'를 검색해 보니, 정말 다양한 서비스를 제공하는 것으로 마케팅하고 있는 세무사 사무소들이 많이 보였다. 이들은 모두 일반적인 업무 이상을 제공해야 더 많은 거래처를 수임할 수 있다고 확신했으리라.

그런데 문제는, 이들이 내세우는 세부 서비스에 세무사의 시간이 추가로 투입되어야 하는 서비스는 없다는 것이다. 이미 세무사 사무실은 세무 관련 프로그램을 쓰고 있거나 다른 인력으로 충분히 업무가 진행되도록 조직이 구조화되어 있다. 그런데 신규로 개업하거나 적은 고객사를 가지고 있는 세무사들은 모두 자기 투입 시간으로 서비스 질을 높이려고 한다. 그것은 결코 고객사를 확보하는 데 답이 될 수 없다.

시대도 바뀌었다. 이제는 나의 가치를 알아주는 사람, 나로 하여금 일할 맛을 나게 하는 사람과 일하는 시대로 변화하고 있다.

돈 더 줄 테니 알아서 기고, 나에게 맞춰줘야 한다고 생각하는 고객사에 응대해 줄 서비스직 종사자는 줄어들고 있으며, 앞으로는 더 그러할 것이다. 세무사가 추가 서비스를 제공하는 방식으로 청구하는 것은 고객사를 확보하는 데 도움이 되지 않는다. 무조건 돈을 더 벌겠다며 그렇게 해서 수수료를 조금 더 청구해 봐야, 기장에서 얼마나 더 청구하겠는가. 수수료 몇십만 원 더 받는 것보다 중요한 가치는, 나 스스로 일하는 재미가 있어야 한다는 것이다.

고객사를 무조건 늘리기만 하면, 일한 지 몇 년 되지도 않아 번아웃에 빠질 수 있다. 나를 곤란하게 하거나 과도한 서비스를 요구하는 고객사를 더 유지한다고 해서 많은 돈을 벌지도 못한다. 그러니 제발 힘들게 하는 고객사에게 애처롭게 매달리지 말고, 더 좋은 고객사와 일할 맛 나게 하는 대표자에게 에너지를 쏟자. 요즘 개업 2~3년 차 세무사 가운데는 우울증에 걸리는 사람도 많다. 만약 모르고 악성 고객사를 수임했다면, 과감하게 해지하는 것을 권하고 싶다. 정신적으로 건강하고 스트레스를 덜 받아야 오래 일할 수 있다.

좋은 고객사란 매출이 큰 회사, 돈 많이 주는 회사가 아니다. 대리인의 직원을 아껴주고 세무사의 노력에 감사하며, 서로 협력하는 관계라는 것을 정확하게 인지하고 있는 회사가 좋은 고객사다.

1명의 고객 뒤에 2,500명이 있음을 명심하라

사업하는 사람들끼리의 관계

'케빈 베이컨의 6단계 법칙'을 아는가? 지구에 있는 모든 사람은 여섯 단계만 거치면 서로 아는 사람으로 연결된다는 이야기다. SNS 시대에는 이것이 더욱 강해져, 실제로 페이스북에서 조사한 결과 전 세계 모든 사용자가 4.75명만 거치면 서로 연결될 수 있다고 한다.

세무사 일을 10년 하고 나니, 내 경험상으로는 그것이 3.5단계도 되지 않는 것 같다. 2단계 정도면 사업자들 대부분의 연결고리를 찾을 수 있을 것이라 생각한다. 사업을 하는 사람들은 그들끼리의 연결고리가 일반인보다 훨씬 넓고 단단하기 때문이다. 또 사업에 도움이 되기 위한 네트워크를 구성하고자 스스로 많은 노력을 하니 그럴 것이다. 그러니 1명당 사업하는 사람 50명만 안다고 하더라도 2단계만 거치면 2,500명이 연결될 수 있다. 한 세무사의 평판을 알아보는 것 역시 2단계 정도만 연결되면 쉽게 확인할 수 있을 것이다. 생각만 해도 무서운 현실이 아닌가?

그래서인지 고객사가 늘고 소개를 받아 성장하는 과정에서 이런 연결고리에 대한 생각을 하자 한동안 '평판'에 대한 두려움이 있었다. '내가 잘한다는 말이 나와야 성장하기 좋을 텐데'라는 생각에 고객사에 더욱 잘해야 할 것 같고, 혹시나 업무 실수로 평판이 나빠지면 어쩌나 하는 불안감과 두려움도 커졌다.

사실 고객사도 같은 고민을 한다. 작은 사업을 하는 음식점이라고 하더라도 '평판'은 중요하기 때문이다. "거기 사장님은 엄청 불친절해", "그 집 음식 맛 별로야", "가격에 비해 양이 적고 부실해", "아르바이트생들이 퉁명스러운 걸 보니 사장이 잘 안 해주나 봐" 등 이런저런 소리를 들을까 봐 두려워한다. 모든 서비스 직종은 리뷰에 목매달고 있으며, 한번 좋지 않은 리뷰가 달리면 고객이 만든 단두대에 끌려 올라가는 것이나 다름없으니, 걱정을 할 수밖에 없는 것이 현실이다.

세무사업이든 음식점이든 관계 속에서 사업을 성장시킬 수 있고, 따라서 평판에 주의를 기울이지 않을 수 없다. 하지만 평판 때문에 범위를 넘어서는 서비스를 제공할 수는 없다. 치킨집 리뷰에 양이 적다는 리뷰가 있다고 하더라도 사장님이 원재료 투입량을 무작정 늘릴 수는 없다. 판매가 대비 재료량을 너무 높이면 손해를 보게 되게 되는데, 적자를 보면서 장사를 할 수는 없지 않은가.

세무 대리인 역시 마찬가지이다. 예컨대 기장료를 월 11만 원을 받는데 손익 결산을 연에 4회 할 수는 없다. 제공하기로 약정한 결산 횟수보다 더 많은 결산을 해야 한다면 사무실 직원이 결산을 위해 투입하는 시간이 발생하니 추가 수수료를 받는 것은 당연하다. 음식점과 마찬가지로 손해 보는 장사를 할 수는 없지 않은가. 결국 세무사는 받는 수수료에 해당하는 범위의 일을 할 수밖에 없다.

고객들도 그것을 안다. 무작정 많은 서비스를 요구할 수는 없다는 것을 말이다. 우리는 무작정 일을 더해줘서 평판을 좋게 만드는 것이 아니라, 어떤 서비스를 받을 때 세무사의 평판을 좋게 하는지를 알아야 하는 것이다.

내가 말하고 싶은 것은 세무사가 스스로 생각하는 평판이 아니라, 실질적인 평가의 영역이다. 평판이 두려운 것은 그저 멘탈의 문제일 뿐이고, 실제로 연결고리를 통해 세무사의 사업이 성장한다는 것은 고객사가 세무대리인을 생각할 때 어느 곳에 의미를 두는지에 따라 달라진다. 세무대리인의 서비스가 만족스럽다면, 고객사 스스로가 영업 사원이 되어 그 세무대리인에게 새로운 가망고객을 연결해 줄 수 있기 때문이다.

고객의 1차 평가는 '친절한가'

결국 세무사를 찾을 때 사업자는, 특히 안정적인 사업을 하고 있는 사장님은 신중할 수밖에 없다. 그리고 첫 번째 질문은 그 '세무사 혹은 직원이 친절한가?'이다. 불친절하다면 고객이 세무대리인에게 도움을 요청하기가 껄끄러워지기 때문이다.

부가세 신고와 연말정산 준비로 정신 없어지는 1월 15일쯤 급하게 사무실로 상담 요청이 들어온 적이 있었다. 당시는 다시 기장을 변경하기에도 부담이 가는 시기였기에, 우선 부가세 신고가 끝나고 상담을 진행하거나 급한 상담만 유선으로 진행하면 안 되겠느냐고 물었지만 무조건 내일 하고 싶다며 시간을 내달라고 말씀하신다. 그래서 상담을 진행했더니 그 사장님이 우리를 급히 찾은 이유가 드러났다.

거래하고 있던 세무사한테 부채비율을 좀 낮추는 방법이 없냐고 물어봤는데, "아이 사장님, 제가 어련히 그거 하나 알아서 못 할까요? 신경 쓰지 마이소"라고 답했다는 것이다. 업체가 작다고 막할 수 있는 것도 아니지만 이 상담 업체는 연 매출이 수십 억 원이고 영업이익도 수억 원에 이르는 우량업체였다. 사람들은 돈 잘 버는 대표자에게는 그 포스에 눌리거나 스스로 어느 정도 조심하는데, 저런 말로 대꾸하다니 도대체 뭔가 싶었다. 사업을 30년 이상한 사장님이 얼마나 안 되겠다고 생각했으면 부가세 신고 기간에 거래 세무사를 바꾸었겠는가.

세무사들은 직원의 고객 응대 교육에 시간을 너무 투자하지 않는다. 그래서 정말 상식적으로 납득되지 않는 고객 응대가 넘쳐난다. 일용직 신고를 잘못해서 어떻게 된 거냐고 사무장에게 전화했더니 하는 말이 "일하다 보면 실수할 수도 있지, 어떻게 하겠습니까"라기에 세무사를 바꾸었다는 업체도 있고, 10년간 맡겨왔던 세무사 사무실인데 부가세 신고 기간에 아무런 안내를 해주지 않았던 경우도 있다고 했다. 그러다 부가세 납부 기한 바로 전날인 24일에 연락해서 "사장님, 내일이 신고 마감 기한인데 자료를 언제 전달해 주려고 그러세요? 이러면 저희 일 제대로 못해요"라고 했다니, 말 다했다.

서비스직이면서 응대 교육이 제대로 되어 있지 않다면, 그곳은 일도 제대로 못하는 곳이다. 그러니 이상한 대응이나 말로 둘러대는 것 말고는 수단이 없는 것이다. 세무사들은 흔히 우리 사무실만큼은 안 그럴 것이라고 생각한다. 그런데 대표세무사가 자리에 없을 때, 혹은 바쁜 신고 기간에 직원들이 어떻게 통화를 하는지 들어본 적은 있는가? 아마 깜짝 놀랄 것이다.

고객사를 잃고 싶지 않으면, 불친절하다는 평판을 얻고 싶지 않다면 녹취 프로그램을 반드시 도입해야 한다. 불친절한 서비스를 받은 고객사는 그 세무사를 두고두고 씹는다. 사람 관계에서도 그렇지 않은가. 뭘 하더라도 손이 가게 하는 사람이 있다. 이런 사람은 불편하긴 하지만, 조금 더 관심을 줘야 한다고 해서 그를 내치지는 않는다. 그러나 '싸가지 없는' 사람은 요즘 말로 바로 '손절'이다.

일을 잘하는가

사실 일만 잘하면 비싸거나 약간 거들먹거린다 해도 이해할 수 있을 것이다. 그런데 이것이 매우 어렵다. 누구나 다 할 수는 있는데 약간 잘하는 것, 또는 누구도 못하는 것을 할 수 있는 것. 그중 정말 좋은 것은 누구도 못하는 것을 할 수 있는 경우이다. 하지만 세무사 일에서 나만 알고 있는 획기적인 절세 방법을 가지기는 정말 어렵다. 아니, 불가능에 가깝다.

대부분의 고객사는 세무사가 일을 잘하는지 판단할 때 아무나 할 수 없는 것을 하는지로 기준을 잡지 않는다. 누구나 할 수 있는 업무 영역을 잘하는지를 판단한다. 그러므로 우리도 여기에 초점을 맞추어 공부하고 준비하면 된다. 이 책에서 설명하고 있는 여러 가지 방법을 고객사에 제공하면 되는 것이다.

고객사에 매달 정책자금 관련 보고서나 뉴스레터를 발송해서, 그 고객사의 옆집 사장님이 우연히 그 내용을 보았다면 어떤 생각이 들까? 실제로 그 내용으로 정책자금을 받았는지 여부는 중요하지 않다. 그런 정보를 자기만 몰랐다는 생각에, 정보력에서 남들보다 뒤처지는 기분이 들어 화가 날 것이다. 그리고 결국 고객사를 통해 우리에게 상담을 요청하게 될 것이다.

일을 잘하기 위한 준비는 대단한 것이 아니다. 또 프로세스나 단순하게 제공하는 리포팅(reporting)으로 고객에게 대단하게 느끼는 것은 어렵다. 그러니 누구나 하고 있지만 더 나은 서비스로 느껴질 수 있는 것을 해야 하며, 그것만으로도 고객사는 우리가 일을 잘한다고 느끼게 될 것이다.

가격이 합리적인가

고객에게 합리적인 가격이라고 느끼게 하는 것은 매우 어려운 일이다. 세무대리인의 업을 가지고 있는 상태에서는 지속적으로 해야만 하는 고민이다. 비단 세무사업뿐 아니라 사업이라는 것이 그렇지 않은가. 고객이 대가를 충분히 지불할 용의가 생기게 하고, 주머니를 열게 만드는 것이 사업 아닌가.

개업 초기에 고객사에게 첫 조정료를 청구할 때, 나는 청구하는 방식을 직원들에게 구체적으로 정해주지 못했다. 20년 차 경력직 직원은 내가 특별한 언급을 하지 않았으니 종전에 하던 방식으로, "이번 법인세 신고 조정료는 400만 원입니다"라고 고객사에게 청구했다. 그러자 고객사에서는 "왜 이 금액이 청구되었는지 알 수 있을까요?"라고 되물었다.

이는 처음부터 잘못된 것이다. 분명 계약서에 청구하는 보수표가 있었으니, 청구서를 발송하면서 그 내용에 근거해 청구했다는 문서를 함께 보냈어야 했다. 혹시나 재무제표에 수정을 했거나 세액공제 등을 청구해 별도의 수수료가 발생했다면 그 산정근거도 남겼어야 한다. 고객사의 요청도 그것이었다. 그런데 이때 우리 직원의 답변은 "제가 이번 법인세 신고에 얼마나 신경을 썼는지 모르시죠?"였다. 고객사의 사장님은 제대로 되어 있지 않은 수수료 청구 방식에 대해 나에게 불만을 표시했다.

청구서에 적힌 가격이 합리적인가를 알기 위해 청구 방식에서 개선점은 없을지도 먼저 고민해야 하는 이유가 여기에 있다. 단순하게 보수표대로만 청구하지 말고 추가로 제공한 용역서비스가 있다면 그 부분에 대해 납득할 수 있는 설명을 해야만 고객사도 합리적인 가격으로 받아들일 것이다. 즉 어떤 설명을 해야 잘 받을 수 있을까를 고민하고, 고객이 합리적인 가격이라고 생각할지 고민해야 한다.

또한 평상시에 계속 업무를 하고 있다는 티도 내야 한다. 부가세 신고, 법인세 신고 시기에만 연락하지 말고 지속적으로 업무를 하고 있음을 보여줘야 한다. 단순하게 금융거래 내역을 요청하거나 인건비 내역을 요청하는 것은 일이라고 생각하지 않는다. 이때 일이란 세무사 사무실의 직원이 컴퓨터에 앉아서 입력하고 있는 것을 말하는 것이 아니다. 고객의 입장에서 "그래서 내가 받은 혜택이 뭔데?"라는 질문에 답변할 수 있어야 한다.

감정은 뒤로, 일은 일대로

한 곳의 고객사를 만족시킨다는 것은 몇 단계만 거쳐도 수백 개의 가망 고객사를 확보하는 것과 같다. 따라서 가망 고객사와 계약으로 연결되기 위해, 그들의 기준 안에 들려면 어떤 준비를 해야 하는지 생각해 봤다. 가망 고객사를 고객사로 만들기 위한 노력은 당연히 중요하다. 하지만 세무사 경력이 쌓일수록 중요하다고 느끼는 것은 '잘 헤어지는 것'이다.

최근에 고객사 한 곳과 계약을 해지했다. 내가 직접 하기에는 세금 신고의 위험성이 있다고 판단해서였다. 고객사와의 계약 내용에도 세금 신고의 위험성이 있는 경우 계약 해지를 할 수 있다는 문구가 있었기에, 문제는 없었다. 그렇지만 나는 새로 계약하는 세무대리인과 미팅해 별도로 이 사업장의 특이사항과 진행되었던 주요 업무에 대해 설명을 해주었다. 새로 계약하는 세무대리인이 내 설명을 듣지 못했다면 해당 사업체의 업무 특이성을 파악하는 데 상당한 시간이 소모되었을 것이다. 난도가 있는 업무였기 때문이다. 이 헤어짐은 나에게 오히려 큰 도움을 주었다. 나와의 계약은 종료되었지만 그 고객사는 마지막까지 책임 있는 태도에 고마워했으며, 지속적으로 고객사를 연결해 주었다.

아무 일 없이 이별을 할 수도 있지만 고객사의 무리한 요구나 감정적인 태도로 계약을 해지하는 경우도 있다. 상대방이 언성을 높인다면 어떻게 계속 참을 수 있겠나. 하지만 이때에도 화를 잘 내야 한다. 감정적인 언급은 최대한 자제하고 일만 가지고 이야기하라. 고객사에서 도대체 일을 왜 이딴 식으로 하느냐고 소리칠 때 참으라는 말이 아니다. 그러면 화병 생긴다.

예를 들어 매입세금계산서 부인으로 인한 소명 문제가 발생했다. 고객은 소리를 지르고 난리다. "무슨 일을 어떻게 했길래 나를 죄인 취급하는 문서를 받게 합니까?"

이때 세무대리인의 모범답안은 "지난 부가세 신고 시에 해당 매입세금계산서의 부인 가능성에 대해 언급했습니다. 그 세금계산서에 소명 문제가 나온 것입니다"이다. 이미 고객에게 통지했던 문제라면 무조건 죄송하다고 하면 안 된다. 그렇다고 "내 잘못 아닌데, 당신은 왜 신경질부터 내냐"라고 서로 감정적으로 대응하면 문제가 해결되지 않는다. 일을 가지고 이야기하는 습관을 들여야만 계약 해지를 할 때에도 두고두고 씹히는 일을 방지할 수 있다.

물론 어렵다. 마음이라는 것이 참 쉽지 않다. 내가 잘 알고 있는 반기홍 세무사는 명상 애플리케이션을 이용해 종종 명상을 한다고 한다. 감정은 뒤로하고 명상과 운동으로 스트레스를 풀어보는 것은 어떨까?

성장을 위한 특별한 계기를 마련하라

세무사 사무실엔 '수의 마법'이 있다

개업 3년 차쯤 되었을 때였다. 고객사도 300개 이상 확보해 어느 정도 안정성을 갖추었다고 생각할 즈음이었다. 이때 세무사 사무실이 말하는 '안정성'이란 대단한 의미의 매출이 아니라 매월 들어오는 돈의 변동성이 적다는 것을 의미한다. 이를테면 고객사 수가 일정 수준 확보되면 '수의 마법' 같은 것이 생긴다. 예를 들어 200개의 고객사가 확보되면 고객사의 폐업, 계약 해지로 인해 기존 고객사가 감소하더라도 생각지도 못한 신규 계약이 이루어지는 일도 있으니 200개 정도의 수가 꾸준히 유지되는 것이다. 세무사 스스로가 '오늘부터 1년간 고객사 가운데 100개에 대해 계약 해지를 하겠다'라고 마음먹지 않는 한 현재의 고객사 수가 비슷하게 유지된다. 나도 이 현상을 지금도 이해하기가 어려워, 스스로 '수의 마법'이라 생각하고 있다.

한번은 프랜차이즈 사업을 하고 있는 사업자와 함께 그 사업자와 연결된 고객사 열 곳이 한꺼번에 계약을 해지한 적이 있다. 그 정도의 계약 해지라면 세무사는 콧구멍에서 뿜어져 나오는 담배 연기처럼 가슴 깊은 곳에서 불안감이 스멀스멀 피어오를 수밖에 없다. 이것이 시발점이 되어 본격적으로 고객사가 감소할 것 같은 불안감이다. 그렇다고 나간다는 고객사를 잡으려 한들 나에게 다시 돌아오겠는가. 어느 정도 고객사가 확보된 세무사라면 다들 알고 있듯이, 끝난 인연은 다시 돌이킬 수 없다.

그래도 마음은 쉽게 잡히지 않았다. 그런데 계약이 해지하고 난 다음 날부터 한두 개씩 신규 계약이 들어오기 시작하더니 1주일 정도 지나자 총 열 군데 정도의 신규 계약이 일어났다. 처음 겪은 '수의 마법'이었다. 우리 회사에서는 폐업 이외에는 계약 해지가 그다지 발생하지 않아, 고객사가 줄어드는 것에 대한 불안감을 경험해 보지 못했다. 그런데 10개가 감소한 날로부터 일주일 만에 고객사 수가 복원되었다는 것이 너무 신묘했다. 어른들이 조상 묘를 잘 쓴 덕분인가 하는 생각이 들 정도였으니 말이다.

새로운 도전을 할 시기인가 아닌가

세무사 사무실에서 벌어지는 수의 마법을 경험할 때쯤 세무사는 더 이상 성장에 배고프지 않게 된다. 새로운 도전을 선택하기보다 기존의 형태를 반복하고 싶어 하는 성향도 생긴다. 특별한 노력을 하지 않아도 주머니 사정에 변동이 생기지 않기 때문이다. 어떤 이들은 '고객사를 더 확보할 수 있는 확실한 방법을 알고 있는데, 어떻게 더 노력을 안 한다는 거지?'라고 생각할지도 모른다. 그렇지만 이 상황은 무조건 온다. 수의 마법이 일어나고 나서 사무실 상황을 생각해 보자.

홍길동 세무사는 고객사 200곳을 직원 5명으로 운영하고 있다. 규모를 더 키우자니 직원을 1~2명 더 채용해야 인력 준비가 될 것 같다. 그렇지 않아도 직원 중 1명이 일에 적응을 못 해 업무할 때 눈빛이 어둡다. 이 상황에서 거래처 몇십 개를 늘리려면 추가되는 고객사를 관리할 직원 1명과, 변동성을 대비한 1명을 추가로 더 채용해야 할 것 같다. 2명이 늘어야 하니 인건비 400만 원가량을 예산으로 잡는다. 2명이 더 일할 사무실 공간도 부족하니, 사무실도 더 큰 평수로 이전해야 한다.

어떻게 하지? 처음 인테리어를 할 때 3천만 원이나 들였다. 이것을 포기하고 가자니 돈이 너무 아깝다. 게다가 평수가 더 커졌으니 새로운 곳에 가면 인테리어 비용이 더 들 것 아닌가. 권리금을 받을 수도 없는데. 이런 준비를 다 했다고 가정하고, 어떤 영업을 할까 고민을 해봤는데 그것도 마땅치가 않다. 새로운 활로를 찾아야 할 것 같은데 막연하다. 이제껏 술 마시며 쌓아둔 인맥을 활용해 어떻게든 고객사 30~40곳을 계약해 보자. 그럼 어떻게 되지? 얼마나 남나 계산기를 두드려보니 종전의 소득과 별 차이가 없다.

홍길동 세무사는 몇 군데의 갈림길에서 올바른 선택만 했다는 우호적인 가정을 했음에도 불구하고 소득이 늘어나는 것은 어렵다는 생각이 들었다.

이 상태에서 성장을 위한 도전을 더 할 수 있는 에너지가 나오기 쉬울까? 어렵다. 그러니 '특별한 계기'가 없으면 성장보다는 안정을 선택하는 것이 합리적인 판단이라는 생각이 들게 된다. 수의 마법이 일어날 때쯤 되면 세무사 사무실의 답보상태는 반드시 올 수밖에 없다.

본인의 생각을 먼저 성장시켜라

200곳의 고객사를 운영하고 있는 세무대리인이 500곳의 고객사를 운영하는 세무사가 되기 위해서는 사업을 하는 본인의 생각 자체를 성장시키는 계기가 없다면 불가능하다. 이때 '특별한 계기'란 길에서 천 원짜리를 줍는 것처럼 우연에 의해서 찾아온다. 기를 쓰고 가지려 해도 손에 잡히지 않다가 어느 날 갑자기 아무것도 아닌 일에서, 즉 '의도하지 않은 무언가로부터' 오는 것이다. 특별한 계기가 찾아오는 비법 따위는 없다. 다만 분명한 것 하나는 '가만히 있다고 해서' 오는 것은 아니라는 점이다.

나는 이 특별한 계기를 '새로운 도전'에서 찾아보라고 조언하고 싶다. 그중에서도 본인이 직접적으로 투입되어야 하는 일이면 더 좋다. 쉽게 말하면 본인의 돈을 투자하는 일 같은 것 말이다. 내 경험상, 간접적인 경험만으로는 특별한 계기가 되기 어렵다. 예를 들어 수습세무사의 역할로, 즉 근무세무사로서 내 시간을 오랫동안 투입하고 노력한다고 해서 개업 세무사로 성공할 가능성이 높아지는 것은 아니다. 사업자의 관점에서 바라보는 시장 및 성장을 위한 노력의 방향과 근로자의 관점에서 바라보는 것에는 큰 차이가 있기 때문이다.

근로자는 지금 내 눈앞에 있는 일을 해결하기 위해 노력한다. 미시적일 수밖에 없다. 그리고 그 노력으로 본인의 경제적인 성장, 또는 추후 성장을 위한 동력을 마련할 투자가 된다는 것을 보장받을 수 없다. 그러니 '내가 이렇게까지 해야 하나?' 하고 늘 한계점을 긋는다. 이 생각은 사업자의 관점과는 극명한 차이가 있다. 사업자는 어떻게든 만들어내야 한다는 압박 속에서 이득을 챙겨야 한다는 강박이 있고, 그래서 더욱 노력하기 때문이다.

무엇에다 투자를 할 것인가? 가능하면 세무사업과 관련된 일이면 더욱 좋다. 전혀 관계없는 음식점업 같은 것을 하기에는 너무 부담스럽지 않은가. 잘못하면 지금껏 벌었던 돈을 다 날릴 수도 있다. 잘 모르는 일에는 도전하기 어렵고 성공 가능성도 낮으니까. 따라서 세금을 다루면서 쌓았던 나만의 노하우와 역량을 활용하자. 투자 비용이 많이 들지 않는 성격의 사업이라면 도전해 볼 만하다. 결산보고서, 세무사업과 관련된 도서 사업, 마케팅 사업 등 여러 가지가 있을 수 있다.

세무사들이여, 우물 밖으로 나가라

지금까지 나는 사업이 안정기에 접어들었을 때 '특별한 계기'를 만들기 위한 투자를 하라고 조언했다. 왜 굳이 안정적인 상태를 즐기기보다 다른 계기를 마련하라는 걸까? 그 이유는 세무사 일만 가지고 경제활동을 하면 시각이 편협해지기 쉽기 때문이다. 우물 안 개구리가 되는 것이다.

주어진 우물 속 환경에서는 변화도 없고 계기도 없다. 그런데 거기서 계속 장사를 하다 보면 그게 전부인 것처럼 착각하게 된다. 우물 밖으로만 나오면, 미지의 세계에서 새로운 판을 깔아보면 무조건 '특별한 계기'가 올 수밖에 없다. 그 보물상자를 마주할 수만 있다면 새로운 사업은 실패해도 관계없다. 세무사 사업에서 그 이상의 성과를 얻을 수 있을 테니 말이다.

누구나 이런 도전을 할 수 있는 것은 아니다. 개업 초기, 중기, 근로 중인 세무사는 새로운 도전을 하기가 녹록지 않을 수 있다. 시간을 확보하기 어렵기 때문이다. 게다가 제대로 하려면 사업에 도전하라니, 더 어렵다. 돈을 쌓아두고 있는 것도 아닌데, 망할 수도 있는 일에 돈을 투자하는 것이 얼마나 큰 부담인가.

그럼 차선책으로 어떤 것이 있을까? 만약 내게 물어본다면 뛰어난 세무사들과 사업 이야기를 해보라고 하고 싶다. 간접적인 경험이기에 직접적인 것보다는 성장에 도움이 될 확률은 낮을 수 있다. 피똥 싸면서 배워야 실력이 팍팍 느는데, 편안하게 소파에 앉아서 선배 세무사와 말로 이야기하니 당연히 '약발'이 약할 수밖에. 또 조언해 주는 선배 세무사가 성장을 위해 필요한 약을 적절히 처방해 준다 해도, 듣는 세무사의 소화력이 부족할 수도 있다. 지금 당신에게는 이 약이 필요하니 이것을 먹어보라고 아무리 말하면 뭐하나. 먹어야 할 사람이 그 약을 어디서 사는지도 모른다면 하나마나 한 이야기가 될 뿐이다.

또 그 중대한 조언을 얻을 수 있는 세무사를 찾는 것에도 어려움이 있다는 생각이 들 것이다. 뭐하러 선배 세무사가 말귀를 알아듣지도 못하는 까마득한 후배를 앉혀 놓고 이야기를 해줘야 하나? 골프를 치더라도 비슷한 핸디랑 해야 재미가 있지, 이제 막 시작한 초보가 싱글골퍼에게 같이 가자고 하면 그에게 희생해 달라는 소리밖에 더 되나? 이런 생각에 더 주저하게 되는 것이다.

그런데 정말 재미있는 것은 세무사 시장의 선배 세무사들은 선뜻 이런 도움을 준다는 것이다. 나 역시 그런 도움을 받았고, 지금도 해결 방법이 떠오르지 않는 일에 봉착했을 때는 선배에게 조언을 구하는 전화를 돌린다. 얼마나 친절한 집단인가.

성장을 위한 순서를 밟아라

성장을 위해서, 특별한 계기를 만나려면 일정한 순서가 있다. 처음에는 나의 노력으로 수의 마법이 느껴질 때까지의 수준에 올라서야 한다. 개인마다 그 시기는 다르다. 월 1천만 원을 벌 때 올 수도 있고 2천만 원을 벌어야 느껴질 수도 있다. '어, 뭐지? 이제 어떻게 해도 매출이 안정적으로 유지되네?'라는 생각이 들면 그다음으로 넘어가기 위해서는 '특별한 계기'가 필요해진다.

그 이후에는 특별한 계기를 만들기 위한 방향을 설정해야 한다. 직접적인 투자를 할 것인지, 아니면 간접적인 교육이나 만남을 통해서 도약을 준비할 것인지 말이다. 직접적인 투자를 하려면 시간도 있어야 하고 도전의식도 있어야 한다. 개업 초기 성장했던 방식이 시간 확보가 되지 않은 방법이었다면 새로운 도전은 할 수 없다. 나의 하루 중 최소 6시간 이상, 그것을 위해 고민할 수 있는 시간이 확보되어야 한다. 그렇지 않으면 시도하지 마라. 망한다.

그럼 차선책으로 선배 세무사와의 만남, 또는 교육을 듣는 방법을 해봐야 한다. 고액의 수업료를 내고 듣는 것이 아니기에 조언을 해주는 시간도 짧을 것이고, 대부분의 사람들은 완전히 먹여 주는 것에 익숙해져 있기에 깨우치기 쉽지 않은 방법이다. 그래도 해볼 법한 이유는 분명 선배 세무사가 수십 년 세무사 경험을 녹여 진심어린 조언을 해줄 것이기 때문이다. 어차피 이것 아니면 할 수 있는 방법도 없다. 미련하게 그저 시간만 흘러가도록 두었다가 강줄기가 넓어지기를 바라고 있는 것보다는 낫다. 그러니 지금 당장 성장을 위한 특별한 계기를 마련하고 그 순서를 밟아가자.

전문성 확보를 위해 노력하라

자가 체크를 해보자

세무사 사무실이 매출을 성장시키기 위해서는 전문성을 확보해야 한다. 그런데 이 '전문성'은 시간이 지난다고 저절로 확보되지 않는다. 끊임없이 체크하고 신경 쓰고 살펴야 가능한 항목이다. 우리 사무실에서 고객사를 관리할 때 기본적으로 살피고 체크해야 할 항목들을 여기 소개한다. 이런 항목들을 주기적으로 체크하고 확인한다면, 적어도 업계에서 전문성이 떨어진다는 소리 정도는 듣지 않고 운영할 수 있다.

체크리스트는 다음과 같다.

- 정관 영업 포인트
- 명의신탁주식 환원 방식

- 가지급금 문제해결 방법
- 자기주식 활용법
- 법인전환 실무 프로세스
- 잉여금 인출 전략
- 안정적 경비 확보 방식
- 사내복지기금
- 상표권 특허권 관련 이슈
- 정부 자금 조달
- 경영비율 컨설팅
- 사후검증, 세무조사 대응 방법
- 가업승계

'정확히 말할 수 있는 지식'으로 답변하라

앞에서 소개한 체크리스트는 현재까지 사업자를 대상으로 영업하는 집단들이 관심을 두고 있는 카테고리다. 여기에 기재되어 있는 내용을 가지고 오늘도 우리 고객사 중 몇몇은 컨설턴트(재무 및 경영 컨설턴트)와 미팅을 진행하고 있을 것이다. 그리고 그들이 준비해 놓은 자료들을 가지고 사장님은 고민할 것이다. '자료 준비가 확실히 잘되어 있긴 하네. 그래도 수년간 우리 사업체를 관리해 준 세무사에게 물어보고 해야지'라고 생각하고 컨설팅 진행을 보류한다. 그리고 세무사에게 전화를 한다.

세무사의 답변은 두 가지 중 하나로 나뉜다. 첫 번째는 "그거 위험하니까 하시면 안 돼요"일 것이고, 두 번째는 "저는 그거 할 줄 모르니 진행할지는 그쪽 사업자와 결정하세요"가 될 것이다.

사장님은 세무사를 더 믿기에 전화한 것인데, 예상되는 답변이 두 가지뿐이라 한편으로는 마음이 아프다. 첫 번째는 그래도 낫다. 컨설팅을 주요 수입으로 영업하는 분들은 효과가 즉각적으로 나타나야 한다. 그래야 계약이 이루어지기 때문이다. 세무대리인 입장에서 보면 사업자의 세금 안정성을 해치는 일이 될 수 있다. 세금 신고라는 것이 장기간 이루어지면 일정 추이를 가지게 된다. 그런데 컨설팅을 받게 되면 이것이 심하게 어그러지는데, 이것은 필연적이다.

과거 많이 이루어졌던 것처럼, 대표자의 퇴직금 중간 정산을 하는 경우, 당해 연도에는 법인의 비용이 수억 원 증가하고, 그러면 소득에 큰 변동성이 생기게 된다. 세무대리인은 큰 변동성에 대해 우려할 수 있다. 그러니 "위험하니 하면 안 돼요"라는 말이 무조건 맞는 말이다. 하지만 어떤 위험이 있는지 구체적이지 못한 것이 아쉽다. 예를 들어 고객사에서 사내 복지기금을 설립하려는데 어떤 단점이 있는지 묻는 전화를 했다. 그런데 무조건 위험하다고 표현하는 것은 '모른다'는 말과 같다. 고객사의 사장님이 전화를 한 것은 위험하다면 무엇이 문제인지 알고 싶은 것이지, 막연히 위험하다는 말을 듣고 싶은 것은 아니지 않을까?

사내 복지기금을 출연할 때 비용 처리가 되는 것은 사실이다.

하지만 고려사항이 몇 가지 있다. 첫 번째는 사내 복지기금에서 출연받은 재산으로 직원에게 지급될 때 사용 목적이 제한적이다. 급여 성격의 지출을 복지기금을 통해 지급하려는 것을 방지하기 위해서다. 두 번째는 출연받은 금액에 사용 한도가 있다. 복지기금의 지속적 운영을 위해 만든 규정으로서 중소기업이라면 출연받은 재산의 80%가 한도이기 때문에 20%는 사용하지 못한다. 그러면 20%가 묶여 있어야 하니 자금의 부담이 생긴다. 세 번째는 출연 금액이 크다면 회사에서 경비 처리한 금액과 국세청 파악 소득의 차이가 생겨 사후 검증 대상자로 선정될 가능성이 높아지는 문제가 있다. 최소한 이 정도의 답변이 나와야 한다.

세무대리인은 어떤 위험이 있는지, 어떤 고려사항이 있는지 정확하게 말할 수 있는 지식을 가지고 있어야 한다. 그래야 사장님들이 고객사에 컨설팅하러 오는 분들의 장점에 대한 설명만 듣는 것이 아니라, 단점이나 고려해야 할 부분을 정확히 파악하고 후회 없는 선택을 할 수 있지 않겠는가. 컨설턴트들은 계약을 성사시키기 위해 단점에 대해서는 웬만하면 숨길 것이니 말이다. 진짜 조언을 해줄 수 있는 세무사라면 알아야 한다는 말이다. 그리고 위와 같이 사내 복지기금의 세 가지 단점에 대해 언급하면 연매출 100억 원 이하의 사업장에서는 선택하지 않는 경우가 훨씬 많다.

한편 "저는 그거 할 줄 몰라요"라는 말은 안 된다. 처음부터 잘할 수 있는 사람은 없다. 하지만 잘하기 위해서 반드시 필요한 것은 "한번 확인해 보겠습니다"라는 자세이다. 이 말이 입에 붙어 있어야 한다. 모른다가 아니라 알아보겠다고만 할 수 있으면 절대로 세무 트렌드에 뒤처지지 않는다. 위의 방법이 특별한 내용이 아니기 때문이다. 물론 네이버에서 몇 번 검색한다고 곧바로 내용을 알 수 있는 것은 아니다. 다만 방법을 알고 나면 고작 이 정도의 지식이면 할 수 있는 업무였단 말인가, 하고 생각할 수준이다.

아무나 못하는 일을 지속적으로 만들어라

세무사는 누구나 할 수 있는 일이지만 아무나 못하는 일을 지속적으로 많이 만들어가야만 한다. 이를 쉽게 만들 수 있는 방법이 시장의 트렌드를 따라가는 것이다. 이때 트렌드란 컨설팅을 하는 분들 혹은 보험 영업을 하는 분들의 콘셉트를 말한다.

고깝게 생각하며 볼 필요 없다. 컨설턴트 개개인이 획기적인 방법을 만들어서 움직이는 것이 아니라 우리나라에서 '샤프하다'고 말하는 세무사와 회계사들이 고안한 방법이니, 본인이 자신의 능력이 부족한 것 아닌가 하는 아쉬움을 가질 필요가 없다.

대부분 보험과 연결되어 있는 컨설팅 시장의 컨설턴트를 움직이는 회사들은 대기업이다. 크고 촘촘하면서도 넓게 펴져 있는 인력 인프라는 시장의 트렌드를 움직이고, 만들어낼 수밖에 없다. 일개 세무사가 "이건 이래서 안 돼요. 저건 저래서 안 돼요"라고 백날 말해봐야 자기만 이상한 놈이 된다. 그런 것이 분위기 아닌가.

결국 트렌드에는 모든 사장님이 가질 만한 고민을 해결하기 위한 방법들이 집대성되어 있다. 사업하는 사람이라면 저 카테고리 중 하나는 무조건 걸리게 되어 있다. 그것이 사장님들이 가지고 있는 고민이다. 그 고민을 해결만 해준다면 수백만 원, 아니 수천만 원을 줄 사장님이 줄을 서 있다. 정작 돈을 지불할 용의가 있는 곳에는 세무사가 시간을 투입하지 않고 기장만 하니, 사장님들이 만족하겠는가 말이다. 고가 시장으로 가야 한다는 말은 특별한 것이 아니다. 진짜 고민에 대한 해결안, 그것이 아니라면 차선안이라도 제시하는 것이다. 거기에 세무사가 돈 버는 방법이 있다.

기존 고객사에게 컨설팅을 하라

세무사가 가지고 있는 고정관념 중 하나는 '기존 고객사에 과연 내가 컨설팅을 할 수 있을까?' 하는 점이다. '매달 돈 받는 고객사에 컨설팅한다고 수수료를 청구하면, 제대로 돈 못 받는다'와 같은 생각도 고정관념으로서, 바꿔야 하는 생각이자 매우 틀린 생각이다.

돈을 주려는 사람은 준비되어 있는데 왜 돈을 제대로 못 받나. 그저 선입견일 뿐이다. 사업을 하는 사장님들은 주고받는 것에 아주 능숙한 프로다. 결코 거저 선물을 받으려고 하지 않는다. 또 최근에는 컨설팅하는 분들과도 많은 미팅을 하고 있다. 세무대리인에게는 말하지 않았지만 벌써 컨설턴트에게 여러 제안을 받았을 확률이 매우 높다. 그러면 더 쉽지 않은가. 모르는 사람에게 맡기는 것보다야 나의 사업장을 관리해 준 세무대리인이 진행해 주는 것이 사장님 마음도 훨씬 편하니까. 오히려 컨설팅을 진행하면 월 기장료와 조정료까지 추가로 인상할 수 있는 요인이 된다. 사장님이 세무사를 더 믿게 될 테니 말이다.

내 생각이지만, 세무사들은 스스로 돈 받고 컨설팅하기를 꺼리는 것처럼 보인다. 정작 고객사 사장님들은 컨설턴트와 미팅한다고 지금도 많은 시간을 쓰고 있으며, 이미 선행해서 그 일을 진행해 본 다른 사장들에게 선물까지 해가며 귀동냥으로 의견을 묻고 있는 실정인데 말이다. 도대체 뭐가 고민인가. 고민할 이유도, 주저할 이유도 없다.

지금 바로 기존 고객사에 고민거리가 될 만한 것들이 있나 찾아보고 제안하자. 비자격사, 그러니까 컨설턴트들은 이 시장에 들어오기 위해서 지금도 강의를 게을리하지 않으며 공부에 매진한다. 자격사들을 대동해서 컨설팅 미팅을 활발히 진행하고 있다. 세무사 시험에 합격하기 위해서 그리도 공부했는데, 그까짓 것 얼마나 대단하다고 못 하겠는가. 뭐 얼마나 대단한 방법이길래 "특별한 기법에 대해 일반 세무사들은 모릅니다"라고 하고 다니는지, 궁금하지도 않은가?

전문성 확보를 위한 노력은 어렵지 않다. 이미 전문성을 갖춘 세무사 스스로 본인이 가둔 유리벽을 깨고 고정관념에서 탈피할 때, 비로소 전문성은 우리에게 맞춤옷이 되어 있을 것이다.

현장에
답이 있다

세무사는 현장으로 가야 한다

재산세제를 신고하는 세무사가 가장 중요하게 생각하는 것 중 하나가 현장이라고 한다. 특히 주택을 판정하거나 비사업용 토지를 판단하는 데에는 현장에서 얻을 수 있는 정보가 상당히 많기 때문이다. 세무법인 다솔의 안수남 대표님이 양도세 강의 때 양도세를 많이 다루게 된 계기에 대해 언급한 적이 있었다. 비법은 현장으로 갔고, 거기에서 양도인과 많은 이야기를 나눈 것이 출발점이 되어 일을 많이 하게 되었으며, 시간이 지나 책도 쓰고 강의도 하기에 이르렀다는 이야기였다.

범죄 드라마를 보면 형사들은 범인을 잡기 위해 늘 현장으로 간다. 거기에서 범인의 지문도 찾고 우연한 기회에 범행도구를 찾기도 한다. 단순히 드라마나 영화에서 나오는 시나리오이기에 가능한 가정이 아니다. 범인에 대한 어떤 추론도 할 수 없는 경우, 즉 현재 접근할 수 있는 방법이 막연하다면 과거로 돌아가야 알 수 있기 때문이다. 과거에서 그를 쫓아가야만 현재의 범인을 잡을 수 있기에 현장으로 가는 것이다.

세법도 마찬가지다. 현장에 모든 정보가 있다. 과거의 정보가 현장에 있고, 앞으로 관리해야 할 방향도 현장에 있다. 비단 재산세제만 그런 것이 아니라 컨설팅과 장부 역시 마찬가지이다.

그런데 시간이 지날수록 세무사들의 현장 방문이 점점 힘들어지고 있는 상황이다. 고객사를 방문하려면 몇 단계를 거쳐야 한다. 우리 사무실의 경우에는 고객사 담당 팀원이 회사와 미팅 일정을 조율한다. 그리고 몇 번의 통화를 더 해야 한다. 대표자의 일정에 변동이 생기기 때문이다. 대표자 입장에서는 돈을 벌어야 납부할 세금도 생기고 세무사에게 줄 돈도 생기는 것이니, 본인의 사업에 더 가중치를 두는 것을 뭐라고 할 수도 없다. 그런 조율 시간을 거치고 취소나 연기 요청이 한 번쯤 나야 사장과 만날 수 있다. 현장 미팅을 조율하는 상상만으로 지친다.

그런데 그런 곳이 수십 곳, 수백 곳이다. 게다가 그 업체들이 내 사무실 바로 옆에 있는 것이 아니다. 어떤 경우는 하루 두 군데 미팅을 하는데, 한 곳에서 다른 곳으로 이동하는 데에만 몇 시간이 걸릴 수도 있다. 길바닥에서 낭비하는 시간이 너무 아깝다. 돈도 안 되는데 미팅 조율 때부터 이동하는 데까지 소모되는 시간이 너무 많다는 것이다. 이런데도 현장 미팅을 해야 할까? 답은 'Yes'다.

1일 '아웃소싱 전문 강사'가 되어준 사장님

세무사를 찾는 고객사에게는 특징이 되는 포인트가 있다. 하나는 지금 자신이 하고 있는 업종에서 경험이 풍부한 세무사를 찾는 것이고, 다른 하나는 지금 자신이 하는 사업은 다른 사업과 달리 특별하다는 인식이다. 이 두 가지 인식을 어느 고객사나 공통으로 가지고 있다.

세무대리인 입장에서 보아도 업종마다 특별히 신경 써야 하는 부분이 하나씩은 반드시 있다. 그러니 고객은 자기 사업의 경험이 많은 세무사를 찾을 수밖에 없다. 전문가에게 가야 세금을 덜 낼 수 있을 테니까.

그러니 우리는 전문가가 될 수 있는 방법을 찾아야만 한다. 더 정확하게 말하면 전문가처럼 보일 방법을 찾아야 한다. 처음부터 특정 업종을 많이 수임했을 리는 없기 때문이다. 누구에게나 고객사를 모아가는 과정이 필요하다. 처음에는 모두가 특정 업체 보유 수가 '0'이다. 이것은 고객사를 500곳가량 가지고 있는 세무사에게도 해당할 수 있다. 그가 만약에 병원을 하나도 가지고 있지 않다면 '0'인 것이다. 경험해 보지 못한 업종에서는 아무리 고객사가 많아도 초보이다. 초보일 때 고객사를 모으려면 진짜 전문가가 되기 전에 전문가처럼 보이는 방법을 알아야만 한다. 고객사에게 선택받기 위해서.

내가 개업 초기에 확보한 고객사는 아웃소싱 업체였다. 제조업이라고 주장하고 싶어 하는 이 업종은 실제로는 인력파견업에 해당한다. 내가 김 사장님과 만났을 때는 아웃소싱은 하나도 고객사로 가지고 있지 않았던 시기였다.

사업장의 사무소에서 미팅을 했다. 사장님은 무척 편하게 대해줬다. "아이고, 내가 5년간 사업하면서 세무사님을 한 번도 뵌 적이 없는데, 직접 찾아와 주시니 너무 고맙습니다"라고 말해주었다. 종전의 세무사들은 기장을 해도 자기 사업장에 온 적이 없어 얼굴을 본 적이 없는데, 젊은 나이에 직접 사업장에 오는 나의 용기와 열정을 환영한 것이 아닐까 싶다. 그러면서 "세무사님, 아웃소싱은 많이 해보셨나요?"라고 질문했다.

내가 젊었을 때부터 하지 못하는 것이 거짓말이다. 그것을 스스로 알고 있었기에, 많다고 허풍을 떨다 걸리느니 사실대로 말하자 싶어, 아웃소싱을 한 경험이 없다고 했다. 그러자 그 사장님은 나에게 자신이 10년간 관리하며 이해하고 있는 아웃소싱의 내용을 상세히 설명했다.

"아웃소싱이 실제로는 불법 파견이에요. 근데 원청에서 채용 못하니까 이런 사업이 있지요. 이 사업은 속칭 '떼기'로 돈을 법니다. 4대 보험은 원청에서 청구하는데 4대 보험 가입 신고는 안 합니다. 그럼 거기서 인건비 중 9%에 해당하는 4대 보험 떼기로 아끼는 겁니다. 4대 보험 문제를 잘 해결해야 돈이 남습니다. 그리고 이렇게 사업하는 게 노동법에 문제가 되니까 우리는 라인 도급사로 계약을 체결하고 인력을 넣습니다."

사장님은 이를 포함한 실무적 특징을 매우 자세히 설명해 주었다. 이 말을 들으니 사업의 소득 형태가 떠올랐다. 인건비 전체 중 관리수수료와 4대 보험료를 합한 금액을 원청에서 수입으로 받는 것이고, 비용은 직원 인건비가 되는 것이다. 자, 소득 형태가 잡혔다. 어떻게 인건비를 신고해야 하는지도 잡혔다. 그리고 제일 중요한 무엇을 배웠는가. '아, 이런 장사를 하는 사람들은 스스로가 라인 도급사라고 하는구나'였다.

전문 세무사가 되는 방법, 현장에 있다

나는 김 사장님과 미팅 후에 1년이 채 지나기 전에 50군데 넘는 도급사와 계약을 체결했다. 그것이 가능했던 이유는 어떤 세무사도 이 사업의 특수성을 이해하려는 노력을 하지 않았기 때문이다. 나는 첫 미팅 때부터 그저 '도급사니까 인건비만 잘 신고하면 되지' 하는 생각이 아니라, "도급계약서 작성한 것 먼저 살펴볼까요?"라는 말을 던졌다. 이런 나의 모습이 고객사 사장님 입장에서는 전문 세무사로 느껴졌을 것이다.

그들의 용어로 그들의 수입과 소득 수준을 설명하고, 세금 관련 이슈 사항을 뽑아 설명하는 나에게 고객들은 감동했다. 나는 첫 번째 현장 미팅에서 그것을 배웠고, 거래처 한 곳을 계약했을 뿐인 초짜였지만 고객은 한 번도 세무사에게 들어보지 못했던 설명에 감동했다. 그것은 고객의 신뢰로 이어졌으며, 소개의 소개로 이어졌다.

현장 미팅에서 사업의 특징에 대해 배울 수 있었던 건 내가 젊기에 모르면 모른다고 말할 수 있는 용기가 있었기 때문일 것이다. 만약 내가 지금의 나이로 사업장에 찾아가 경험이 없다는 말을 했다면 고객사가 저렇게 친절한 설명을 했을까? 모르긴 몰라도 그렇지는 않을 것이다. 무릇 내가 편한 공간에서 나의 속마음을 다 이야기할 수 있는 법이다. 사장님에게 그냥 질문을 던져라. "수익 구조가 어떻게 되십니까?"라고 대화의 물꼬를 터라. 자신의 공간 안에서 사장님은 당신에게 많은 것을 이야기해 줄 것이다. 어쩌면 저 질문에, 모른다고 이실직고하지 않아도 사장님은 신이 나서 모든 것을 말해줄지도 모른다. 사업의 특징에 대해서 궁금해하는 당신과 같은 세무사를 만났다는 것이 신기하고 신선하기 때문이다. 그리고 사장님들은 대부분 외롭다. 대화의 상대가 필요하다. 고객사 사장님은 무조건 이야기해 준다.

고객사 사장의 공간 안으로 들어가야 포인트가 보인다

무엇보다 잊지 말아야 할 것은, 전문 세무사처럼 보이기 위해서는 이런 미팅을 많이 해야 한다는 사실이다. 먼저 그들의 용어를 배워야 한다. 그것은 사무실 안에서는 배우기 어렵다. 무조건 현장으로 가야 한다. 고객사 사장님의 공간 안으로 들어가야만 한다. 거기서 사장님으로부터 들은 그 사업에서만 쓰는 용어들, 수입이 발생하는 형태, 돈을 벌기 위해서 어떤 비용을 아껴야 하는지 등의 지식이 쌓이게 된다.

현장 미팅을 통해서 그들의 공간으로 가 그 사업의 특수성을 배우자. 그러면 전문가처럼 보이는 정보를 얻을 수 있다. 여기서 더 경륜이 쌓이면 '전문가처럼'이 아니라 '진짜 전문가'가 될 수 있다.

현장 미팅을 계속하며 많은 경험이 쌓이면 사업장 현장 미팅 때 더 많은 정보가 보일 것이다. 예를 들어 사장님은 기계장치를 보느라 정신없는데, 사업의 규모는 계속 커져간다. 경기가 좋지 않아 지속적으로 미수가 늘어나 자금경색이 발생하고 있다. 그런데 경리는 그 일을 할 능력이 없는 상태다. 회계팀에 팀장을 채용하려 하지만 요구하는 연봉이 너무 크다. 현장에 가서 사장님의 공간을 살펴본 세무사는 이 같은 사장님의 제반 고민을 알게 된다. 이때 사장님은 채권 채무를 체크해 주고 매달 얼마 정도의 소득이 발생하는지 알고 싶어 하는 것이다. 이때 세무사는 경리 아웃소싱을 해보는 것이 어떨까 하는 생각이 들었고, 고객사에 제안했다. 이때부터 월 기장료 100만 원짜리 고객사가 생길 수 있다. 현장 미팅 고객사의 니즈를 파악할 수 있는 계기를 만들어놓았기 때문이다.

고객의 문제를 알면 세무사는 해결하기 위한 제시안을 만들 수 있다. 그런데 현장에 가야만 그 문제를 알 수 있다. 왜냐하면 고객사 사장님은 자신의 사업장에 필요한 것이 정확하게 무엇인지, 자신이 궁금한 것이 뭔지 모르는 경우가 많다. 일상이 바쁜 사람들은 전문가가 포인트를 딱 짚어줘야 정확하게 인지할 수 있다. 그리고 포인트를 알기 위해서는 그곳으로 가야 한다.

5장

GOAL IN

차이를 가져오고 체인지업 하는 8가지 차별화 전략

세무 프로그램을 활용한 업무 프로세스를 구축하라

언제까지 기장 프로그램만 사용할 것인가

세무사 사무실에서 고객사와 신고 준비를 할 때 사용하는 프로그램은 보통 '세무사랑'과 '더존'으로 한정되어 있다. 하지만 최근에는 사용할 수 있도록 개발된 프로그램이 정말 많아졌다. 적은 수수료를 받으며 세금 신고를 대행할 수 있도록 서비스를 제공하는 프로그램 개발회사가 많아지면서, 세금 신고에 필요한 정보를 추출하는 기술도 계속 발전하고 있는 것이다. 어떤 프로그램 회사는 때로는 자체 장부를 만들 수 있도록 이 기술을 자영업자에게 알려주기도 하고, 때로는 세무대리인에게 직접 제공하는 사업을 하기도 한다.

이것이 가능한 이유는 해당 프로그램들의 기술이 스크래핑 기반이기 때문인 것으로 보인다. 신고에 필요한 정보는 홈택스에 있으므로 혼자 장부를 만들고 싶어 하는 사업자나 세무대리인 모두 홈택스에 있는 정보를 스크래핑해서 해당 정보를 제공하면 장부 작성에 필요한 대부분의 항목을 확보할 수 있다. 따라서 스크래핑 기술만 있으면 세무대리인이 빠르고 정확하게 신고서를 작성하도록 도움을 줄 수 있는 것이다.

이처럼 세무 관련 기장 프로그램에 필요한 기술은 계속 개발되고 있으며, 그중에는 세무대리인을 대상으로 하는 것들도 많다. 그런데 세무대리인들은 홈택스의 자료를 더존이나 세무사랑 같은 세무 프로그램에 업로드하는 것 이외에는 달리 활용할 방법을 찾지 않는다. 이럴 때 세무대리인이 프로그램을 직접 개발해 고객사를 확보하는 마케팅을 한다면 더 빠르게 고객사를 확보하지 않을까.

그 프로그램이 대단한 것이냐 하면 그렇지 않다. 결국 스크래핑한 홈택스 자료를 어떻게 화면에 보여주는지를 나름대로 구축해 놓은 것에 불과하기 때문이다. 그러나 아무리 대단한 기술은 아니라고 해도, 세무사가 그런 프로그램을 개발하기는 어렵다. 프로그램에 이해도가 없는 상태에서 개발하면 선택과 집중을 할 수 없으니 비용만 높아질 것이고 설령 운이 좋아 개발한다고 하더라도 유지, 보수 기능을 업그레이드할 여건을 갖추는 것이 녹록지 않을 것이다.

그러나 이런 고민조차 필요 없다. 이미 개발되어 있는 것을 잘 활용하면 되기 때문이다. 찾아보면 편리한 기장 관련 프로그램들이 얼마든지 있다. 이런 프로그램만 잘 찾아 활용한다면, 우리는 기회비용을 들이지 않고도 고객사에게 지금보다 더 유용한 정보를 제공하거나 업무시간을 단축할 수 있다.

어떤 종류의 프로그램이 있을까

사업하는 사장님들이 쓰는 프로그램 중 하나인 캐시노트를 예로 들어보겠다. 캐시노트에는 배달 관련 매출을 조회할 수 있는 기능과 더불어 각종 세금계산서 및 신용카드 사용 내역을 일자별로 확인할 수 있는 기능이 있다. 매일 전날의 매출을 조회할 수 있는 것은 물론이고, 지출하며 받는 증빙까지 실시간으로 확인할 수 있는 것이다. 사장님들이 사용하는 프로그램 하나를 예시로 든 이유는 프로그램을 활용하며 고객사의 눈높이가 올라가고 있다는 것을 이해해야만 하기 때문이다.

그럼 세무대리인이 사용할 수 있는 것으로는 어떤 것이 있을까? 크게 두 가지 종류로 나누어 생각해 볼 수 있다.

- 부가세 및 소득법인세 신고서 작성에 도움을 주기 위한 프로그램
- 업체의 사업 현황을 대략적으로 파악해 업체 브리핑에 도움이 되는 프로그램

이 가운데 나는 후자인 사업 현황 파악에 도움이 되는 프로그램

을 사용하는 것을 좋아한다. 신고서 작성에 도움이 되는 프로그램은 세무 프로그램만으로도 충분하기 때문에 굳이 추가할 필요가 없어서다. 또 사업 현황을 파악하는 것만으로도 신고서를 작성하면서 큰 틀을 짜는 데 도움을 받을 수 있다.

우리 사무실에서는 웹캐시의 '경리나라', 로움아이티의 '세모장부', '비즈넵', 'TP 프로그램' 등 네 가지를 활용하고 있다. 이 프로그램보다 더 좋은데 내가 모르는 것도 있을 것이고, 시간이 더 지나면 새롭게 시장에 진입하는 프로그램 회사도 많을 것이므로, 지속적으로 관심을 가지고 찾아봐야 할 것이다.

세무사들이 '걱정도 팔자'인 이유

세무사들은 프로그램 개발회사를 일반적으로 탐탁지 않아 하며 세무 프로그램 쓰기를 꺼리는 편인데, 거기엔 나름의 이유가 있다. 하나는 프로그램 개발회사들이 고객사 정보를 활용해 세무대리인의 수익 사업에 영향을 줄까 봐서이고, 다른 하나는 고객정보가 다른 관계자에게 제공될까 봐 걱정하기 때문이다. 여기서 다른 관계자란 보험회사나 신용평가기관이 될 수도 있고, 경정 청구를 주요 사업으로 하는 회계법인 또는 세무법인이 될 수도 있다. 결국 자영업자 스스로가 신고하거나 프로그램 회사가 저가로 많은 고객사를 저품질의 서비스로 장부 신고를 한다든지, 고객사 정보를 활용하고자 하는 다른 영업집단의 마케팅으로 우리 고객을 잃게 된다든지 하는 것이 세무사들이 주로 하는 걱정의 요지다.

그러나 그런 가능성이 있다고 해서 프로그램 사용을 완전히 배척한다는 것은 올바른 생각이 아니다. 우리는 프로그램과 앞으로 지속적으로 협업해야만 살 수 있다. 인건비는 올라가고 기장료는 그대로인 상황에서, 어느 정도는 사람이 하는 일을 프로그램이 대체해 줘야만 우리 사업의 안정성을 지킬 수 있다. 또 높아져만 가는 고객사의 니즈를 충족시킬 필요성도 나날이 증가하고 있는 추세다. 그러니 프로그램을 활용해서 얻는 이득이 활용하지 않았을 때 차감되는 손실보다 더 크다고 할 수 있다.

정작 우리가 고민해야 할 것은 프로그램 회사와 그들이 제공하는 기능을 나의 사무실에 얼마나 효율적으로 활용할 것인가이다. 그래야만 프로그램에 대한 이해도가 높아지고, 우리 영역을 치고 들어올 여지가 있는 프로그램 회사를 경계하면서도 세무사법에 위배되는 영역을 보호하는 대응을 할 수 있을 것이다. 한마디로 우리에게 손해를 가져올 '걱정'은 접어두고, 우리에게 이익을 가져올 '효용성'에 주목할 때다.

사용하면 어떤 것이 달라질까

세무 프로그램을 사용하면 어떤 점이 좋을까? 종류별로 장단점을 소개해 보겠다.

| 경리나라의 메인 화면 |

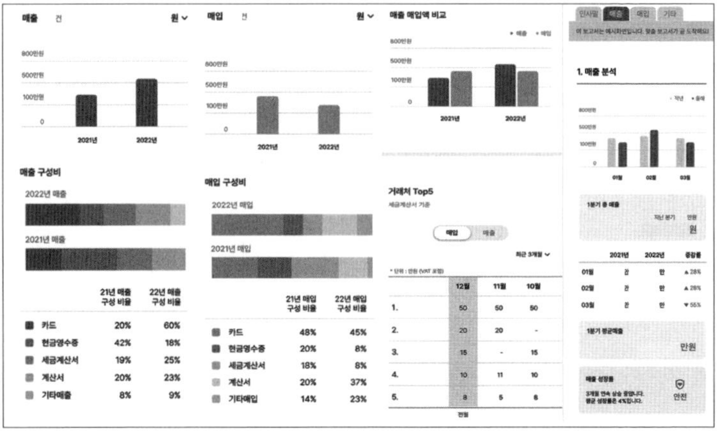

| TP의 메인 화면 |

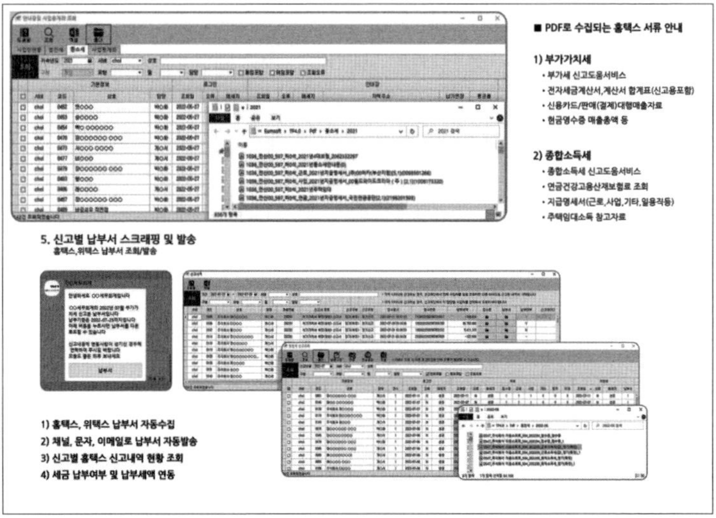

경리나라

고객사의 자료 연동이 쉽다. 회사 측 말을 빌리자면 세무대리인의 공인인증서 등록만으로, 고객사에서 별도로 확인 절차를 거치지 않아도 자료 연동이 가능하다고 한다. 발송하는 방식도 전체 업체에 일괄로 카톡 전송이 가능하니, 발송에 소요되는 시간이 적다. 주기적으로 발송한다면 고객사의 예상부가세 및 예상소득을 파악하는 데 큰 도움을 줄 수 있을 것이다. 고객사는 '이번 세무대리인은 일 좀 하네'라고 생각하지 않을까?

TP

세금 신고하기 전 홈택스에서 세무대리인으로 접속해 저장하던 고객사의 각종 서류들을 PDF로 자동 저장할 수 있는 프로그램이다. 예를 들면 홈택스에 세무대리인 로그인 후 고객사의 세금계산서 합계표를 출력하는 방식에서 프로그램으로 수임업체 전체를 조회하면 합계표, 매출자료 등을 PDF 파일로 서버에 일괄 저장해 준다. 단순 작업에 필요한 시간을 단축할 수 있다.

비즈넵

비즈넵은 세무대리인의 서비스는 현재 종료된 상태이지만, 차트나 추이를 보는 데 좋은 정보를 제공한다.

| 비즈넵에서 사용하는 차트 |

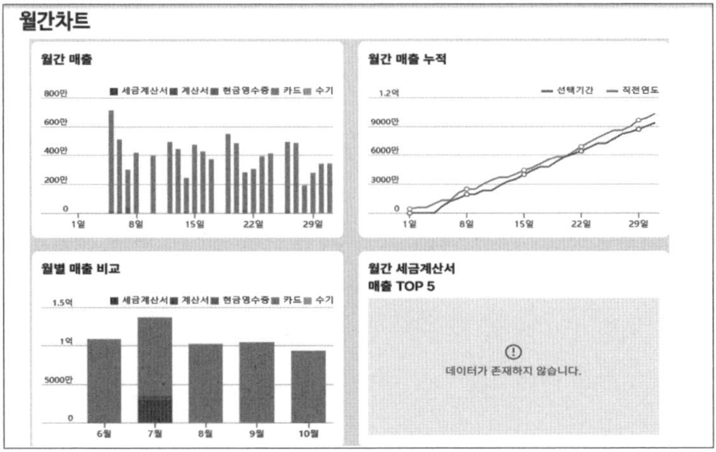

프로그램 사용은 선택이 아닌 필수

산업 분야를 막론하고 어디에서나, 단순 반복적 업무는 줄이고 투입되는 인력도 줄이기 위해 많은 노력을 기울이고 있다. 세무대리인의 업무에는 반복적 업무가 상당히 많다. 프로그램을 잘만 활용한다면 인건비를 줄이는 것과 동시에 고객사의 만족도까지 동시에 올릴 수 있다. 더 빠르게 업무가 가능하니 적시성 있는 정보를 제공할 수 있고, 반복 업무 중 필연적으로 발생하는 실수를 줄일 수 있기 때문이다.

세무사는 일반적으로 보수적이고 변화에 대해 반감을 가지고 있는 편이라고 생각한다. 직업적인 특징이다. 꾸준하게 일하는 것을 선호하고 숫자를 쫓아가다 보니 그런 성향을 가지게 되는 것 아닐까. 하지만 효율성을 높이기 위한 방법을 찾는 데에는 귀를 기울여야 하고, 변화할 수 있다는 생각이 들면 시도해야 한다. 그렇지 않다면 도태될 것이다.

프로그램 개발 회사가 세무사를 채용해서 세무대리를 하는 시장이 곧 오게 될 것이라는 걱정을 많은 세무사들이 하고 있다. 그래서인지 프로그램을 배척하고 사용하지 않는 경향이 있다. 변화되는 세무시장에서 세무사가 생존하기 위해서 필요한 것은 프로그램에 대한 이해도를 높여 시대의 변화를 따라가기 위해 노력하는 것이지, 무관심하거나 배척하는 것이 답이 될 수는 없다. 향후 몇 년간은 프로그램에 대한 이해도가 있으면서 업무 프로세스를 개선하는데 관심 있는 세무사들이 시장을 선점할 것이다.

손익분기 보고서의 패러다임을 바꾸어라

변화하는 시스템

국세청에서 신고의 적정성을 파악하기 위해 활용하고 있는 방법은 어떤 것일까? 이를 아는 것은 세무대리인에게 매우 중요한 자산이다. 이를 알아야 고객에게 세금 문제가 생기지 않게끔 관리하는 코칭을 해줄 수 있고, 세무대리인 역시 국세청 관점에서 일을 처리해야 납세자의 세금 위험도를 줄일 수 있기 때문이다. 세금 위험도가 관리되지 않으면 납세자는 사후검증 및 세무조사 대상자가 될 수도 있고, 많은 추징세액으로 사업의 존폐위기까지 발생할 수 있기 때문이다.

국세청이 전산시스템 구축에 많은 예산을 투입한 지는 꽤 오래되었다. 수기 방식, 즉 조사관(세무공무원)이 납세자의 정보를 좇아가서 확인하는 방식에서 전산시스템으로 세금 신고의 적정성을 1차로 파악하는 것으로 변화했기 때문이다. 여전히 2차 단계에서는 조사관의 사실관계 판단 및 법률해석이 필요하겠지만 말이다. 납세자의 국세 협력비용을 줄이기 위해, 즉 자발적 세금신고자를 늘리기 위해 전산화가 필요하기도 하고, 국세청 내부 업무를 줄여가기 위해 전산시스템을 확대하지 않을 수 없는 것이다. 실제로 세무공무원의 업무가 상당해 입사하고 몇 개월 후면 퇴직하는 인원이 많다고 한다. 민원도 상당하다. 그러니 지속적인 전산화는 인력의 효율적 운용에도 필요하고, 납세자의 협력 비용을 줄이는 데에도 매우 필요한 일이다.

전산화한다는 것의 의미는 뭘까? 납세자의 적격증빙으로 세금 관계를 파악하는 것으로 간다는 말이다. PCI[Property(재산), Consumption(소비), Income(수입)] 시스템을 활용한 자금 확인, 혹은 적격증빙 과소 수취로 인한 사후 검증 대상자 선정, 가공세금계산서 혐의 업체 파악 등 대부분의 업무가 적격증빙을 활용해 진행하는 업무다.

PCI 시스템에서 전산화되어 있는 적격증빙이라면 수백만 명의 납세자가 있다고 하더라도 1차 자금출처 확인 대상자를 파악하는 데 몇 분이면 될 것이다. 10년간 신고한 각종 소득이 10억 원, 대출금액이 5억 원인데 신용카드 및 자산 증가 금액이 25억 원이라면 차액인 10억 원에 대한 사실관계 확인이 필요하다는 것을 아는 데 오래 걸리지 않는다는 것이다.

그래서 어떻게? 증빙으로 움직이는 보고서 작성이 필요하다

세무대리인에게 손익 결산 요청을 하면 90% 이상의 확률로 재무제표를 발송해 준다. 하지만 재무제표를 작성하려면, 즉 손익계산서를 고객사에 보내려면 전체 전표 처리를 완료해야만 보낼 수 있다. 신용카드 사용 내역, 세금계산서 등의 전체 처리를 하려면 업체가 요구한 시기를 맞출 수가 없다. 많은 업체가 11~12월이 되면 소득이 어느 정도 되는지 파악을 요구할 수 있기 때문이다. 가결산을 요청하는 곳만 있는 것도 아니니다.

11월에는 사후검증업체가 생기니 업무가 많다. 또 11월 말에서 12월 초중순에는 건설업 자본금 등의 업무를 처리할 시기다. 더불어 성실신고 확인 대상자로 선정될 인원도 미리 파악해야만 한다. 신고기간은 아니지만 결산을 해줄 여력이 나오지 않는다. 그렇다고 가결산할 여건이 되지 않는다고 이야기할 수는 없다. '내년 세금을 대비하기 위한 사전 안내를 세무대리인이 하지 못했으니 이런 세금을 내게 되지 않았나? 만약 알았다면 어떻게든 준비했다'라고 고객사는 말할 것이고, 이에 대응할 수 있는 방법이 없다.

그러나 이것이 기회가 되기도 한다. 11~12월에 기장 상담을 가보면 그중에 90%가 올해 많이 벌었는데 세금 대비를 어떻게 해야 하는지 안내해 주지 않아서, 다른 곳을 찾으려 한다는 분들이 많기 때문이다.

관점을 바꿔보자. 왜 꼭 모든 전표를 처리한 이후에 소득을 알려줘야 하는가? 고객사에서 지금까지 소득이 얼마냐고 묻는 것에는 숨겨진 의도가 있다. 그것은 '대략'이라는 말이다. 고객사가 "대략 얼마야?"라고 생각하는 것은 연말의 변수가 많기 때문이다. 매출 매입 관련한 세금계산서도 확정되지 않았다. 연말에 직원에게 나갈 상여금도 고려되지 않았다. 재고도 확정되어 있지 않은 상태다. 사장님은 정확하게 이해는 되지 않지만 재고를 적게 하면 소득을 낮게 만들 수 있다고 들었다. 그러니 조정의 여지를 수천만 원은 가지고 있다고 생각한다. '재고를 어떻게 그렇게 대충 해요?'라고 생각하는 고객사는 극히 드물다. 실제 재고가 얼마인지를 모르기 때문이다. 대충 얼마인지만 아니까. 어쨌든 결론적으로 고객사도 정확한 소득을 요구하는 것은 아니라는 것이다.

이때 세무대리인이 할 수 있는 가장 좋은 방법은 무엇일까? 국세청 증빙만으로 확인한 소득에 감가상각비만 추가한 금액으로 고객사가 원하는 수준의 결산을 진행하는 것이다. 이런 큰 틀에서 작성해서 움직인다면 전체를 전표 처리하는 것 대비 투입 시간이 1/10 정도로 줄어들 것이다.

어떻게 저런 파일을 제작할 수 있을까

각종 전산 조회 프로그램에서 조회되는 증빙만으로 소득을 작성하기에는 부족한 점이 있다. 예를 들어 이자비용만 생각해 봐도 그렇다. 증빙 자체가 조회되지는 않지만 대출금액이 30억 원만 되어도 금리가 높아 이자비용이 1억 원 이상 차이가 난다. 이런 항목들의 경우에는 손익에 추가 반영을 해야 한다.

그러니 세무대리인은 프로그램을 사용해서 조회되는 기초 정보에 고객사별로 발생하는 추가 경비를 반영할 수 있는 여건을 만들어야 한다. 그 말은 비용 항목에 가변성이 필요하다는 말이 된다. 바로바로 양식에 추가해서 별도로 반영할 수 있도록 서식 작업이 가능해야 한다. 또한 전년도와 비교할 수치도 나와야 한다. 전년도와 비교가 되지 않으면 고객사의 의문을 해결해 줄 수 없다. 고객사에서는 당해연도와 전년도의 매출이 같은데, 왜 올해 소득이 더 늘어날 것이라고 예상하는지 이해할 수 없는 것이다. 분명 세무대리인이 사장님이 사용한 경비를 일부 누락했을 것이라고 생각할지도 모른다.

납득할 수 있는 이유를 사장님도 알고 세무대리인도 알기 위해서는 전년도와의 비교가 필수적이다. 전년도에 퇴직소득으로 인한 경비가 4천만 원 있었는데 당해연도에 퇴직소득이 발생하지 않았기에 경비에서 4천만 원 정도가 줄어들어, 당해연도 소득이 더 높다고 알 수 있어야 한다는 말이다.

세 번째로 필요한 것이 DB화이다. 매번 엑셀을 작성할 때마다 소득작성에 필요한 숫자를 입력하면 누적 관리가 되지 않으므로, DB화는 반드시 필요하다. 마치 더존에다 전표를 입력해 손익계산서를 작성하는 것처럼 입력된 데이터를 불러와 소득 파악 엑셀자료를 불러올 수 있게 제작해야 한다. 그래야 하나의 엑셀 파일로 10년치 소득분석 리포팅을 만들 수 있다. 엑셀에서 충분히 구현할 수 있지만 물론 외주 의뢰를 해야 한다. 생각보다 많은 비용이 들 수도 있지만 소득분석표를 제작할 때 위의 세 가지가 고려되지 않으면 쓸모가 없으니, 반드시 반영해야 한다(우리 사무실은 DB화를 위한 프로그램 제작을 해놓은 상태니, 조언이 필요한 사람은 연락 주기 바란다).

| 소득 분석 및 비교 데이터 예시 |

수입금액 변동 추세

항목	2021-01-01 ~ 2021-12-31	2020-01-01 ~ 2020-12-31	증감률	코멘트
세금계산서			%	-
계산서	-	-		
신용카드	-	-		
현금영수증	-	-		
유가보조금			i%	
국가보조금	-	-		
일자리지원금	-		%	
순수현금	-	-		
합계			%	

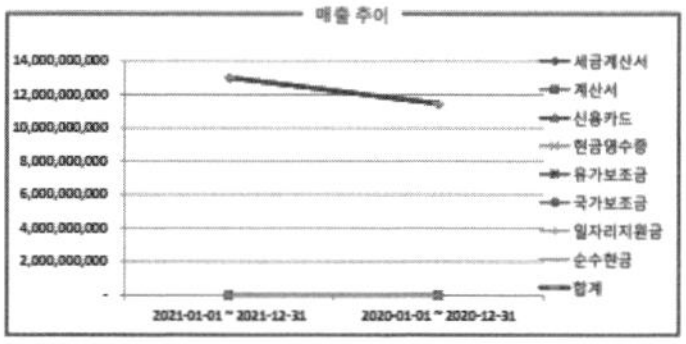

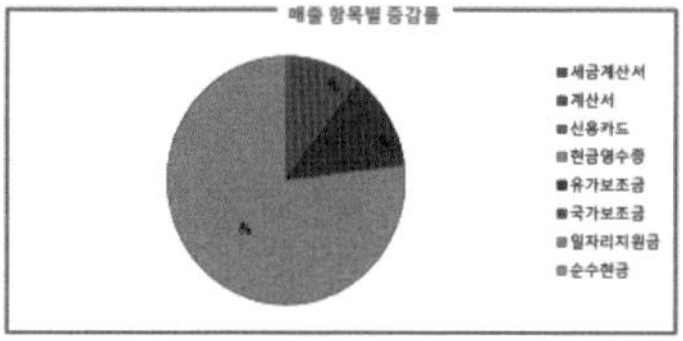

II. 비용분석

1. 세금계산서

항목	2021-01-01 ~ 2021-12-31	2020-01-01 ~ 2020-12-31	증감률	코멘트
세금계산서			%	
고정자산t/i			%	
계산서			%	
합계			%	

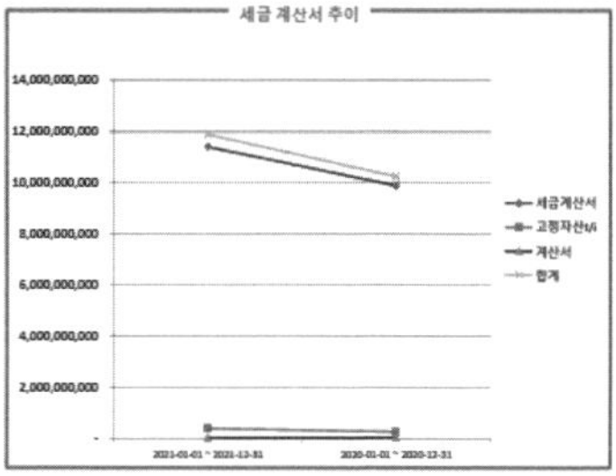

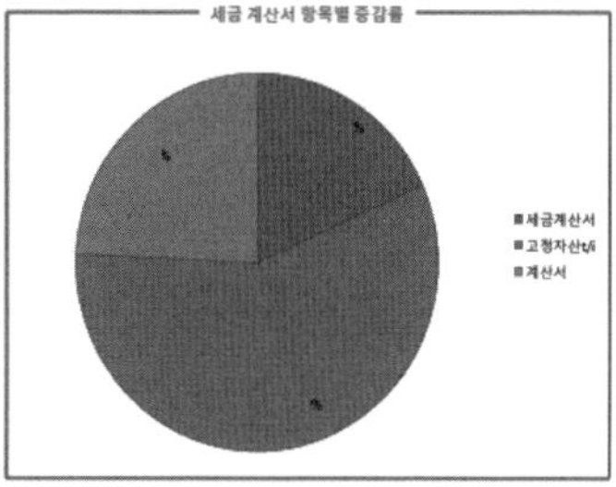

2. 인건비

항목	2021-01-01 ~ 2021-12-31	2020-01-01 ~ 2020-12-31	증감률	코멘트
정규직			%	-
일용직			%	
퇴직소득			%	
합계			%	

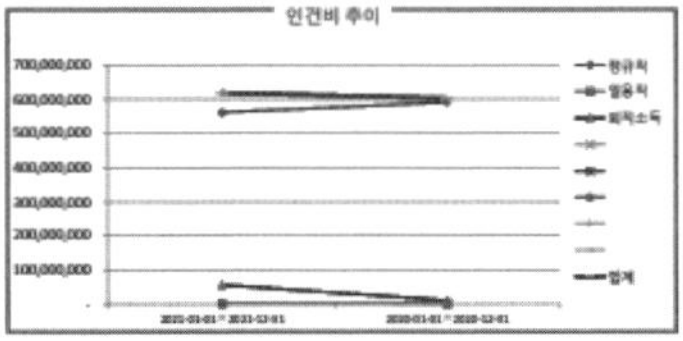

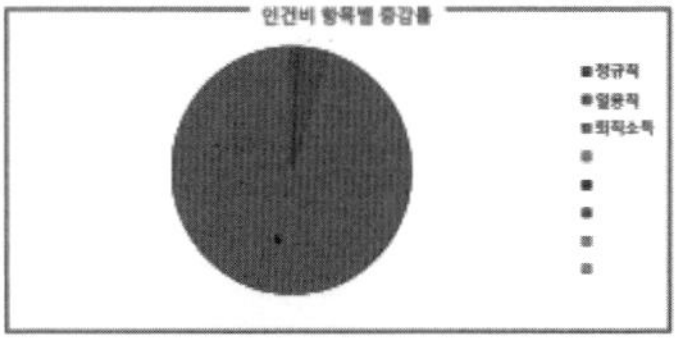

3. 지출비용 분석

항목	2021-01-01 ~ 2021-12-31	2020-01-01 ~ 2020-12-31	증감률	코멘트
세금계산서			%	-
고정자산t/i			%	
계산서			%	
부가세공제 신용카드			%	
정규직			%	-
일용직			%	
퇴직소득			%	
감가상각비 설비자산			%	
퇴직연금(DC형)	-	-		
4대보험료			%	
기초재고(소득감소)	-	-		
기말재고(소득증가)	-	-		
합계	12,347,383,449	10,872,653,593	13.56%	

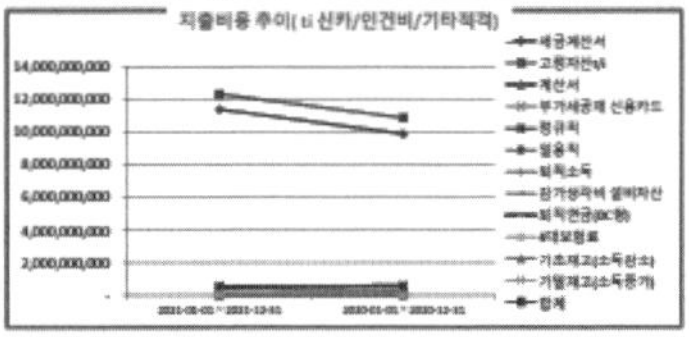

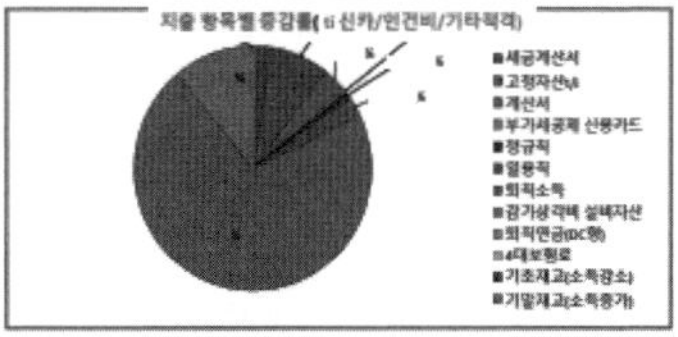

항목	2021-01-01 ~ 2021-12-31	2020-01-01 ~ 2020-12-31	증감률	코멘트
부가세불공제신용카드			%	-
간이영수증등			%	
경조사비			%	
유형자산처분손익				
대손상각비			%	
이자비용			%	
합계				

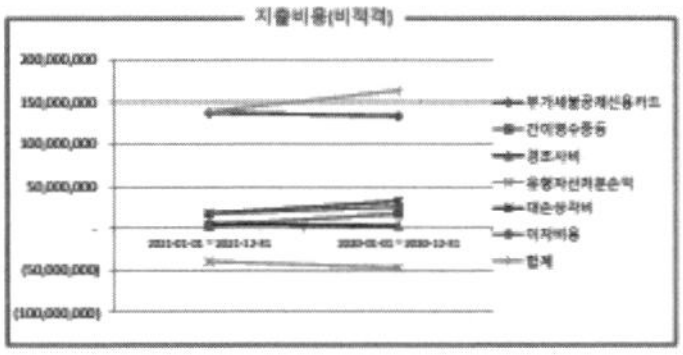

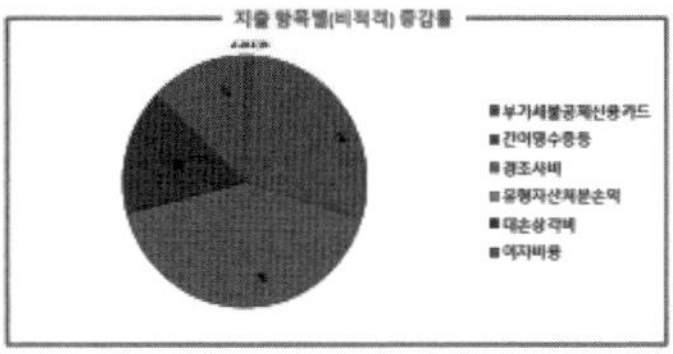

잘 팔리는 습관을 장착하라

준비된 사람이 되어야 한다

세무사 일을 하다 보면 누구에게나 기회가 찾아오게 되어 있다. 우리가 세무사 시험공부를 할 때 모두 똑같은 시간을 투입해 공부했다 하더라도 합격 시기는 다를 수 있다. 그것은 그가 가지고 있는 '운'이다. 운이 좀 있다면 빨리 합격하고, 그렇지 않으면 조금 더 공부를 많이 해야 한다. 사업도 마찬가지다. 운이 찾아오는 시기는 다르겠지만 태양이 동쪽에서 뜨는 것처럼 누구에게나 기회는 온다.

개원 컨설팅을 하는 어떤 사업자로부터 홍길동 세무사에게 전화가 왔다. "안녕하세요, 홍길동 세무사님. 세무사님이 관리하고 있는 ○○의원의 원장님 소개로 전화 드렸습니다. 혹시 통화가 되실까요?" 정중한 목소리의 통화는 누가 들어도 그가 많은 병원을 고객사로 두고 있는 개원 컨설턴트임을 짐작하게 만들었다. 깐깐한 원장들의 마음을 충족시키기가 얼마나 어려운지 우리는 알고 있기 때문이다.

그런데 오늘 홍길동 세무사는 기분이 썩 좋지 않았다. 어제 사무실에서 직원 A가 사고를 쳐, 고객사로부터 컴플레인 전화를 받았기 때문이다. 세무사 직원이 고객사에 잘못한 것은 분명한 사실이다. 홍길동도 그 점은 알고 있다. 그는 고객사를 200군데 가지고 있고 이제 먹고살 만하게 되었는데, 그 컴플레인 전화로 마치 선생님에게 혼나는 것 같은 기분이 들었다. 그 통화가 그의 자존심을 갉아먹은 것이다. 게다가 직원은 그 일로 퇴사를 고려하고 있다는 이야기를 과장으로부터 보고 받았다. 이럴 때 온 전화이기에 밝게 통화하는 것이 어려웠던 홍길동 세무사는 떨떠름하게 대답했다.

"네, 어떻게 전화했어요?"

그 목소리를 듣자마자 개원 컨설팅 사장은 생각했다. '아니, 일 잘한다고 하길래 한번 만나보려 했더니 목소리부터 뭐 이래? 협력해서 일했다가는 원장들 컴플레인 답하느라 바쁘겠다'라는 본능적인 영업적 감각이 들었다. 홍길동 세무사는 협력할 상대가 아니라고 짧은 순간에 결론을 내려버린 것이다. 그래서 "아, 제가 사업하는 데 세금 고민이 있어서 전화했는데, 지금 급한 전화가 와서 다음에 연락 드리겠습니다"라고 다른 이유를 대며 전화를 끊었다. 이로써 홍길동 세무사는 경북에서 개원 컨설팅을 가장 많이 하는 사장과 협력할 수 있는 기회를 날렸다. 그는 그 사장과 일할 준비가 전혀 되어 있지 않았던 것이다.

기회는 준비를 반복해 온 사람에게 온다

기회는 오지만 잡지 못하는 경우가 일상에서 없다고 생각하는가? 당신은 늘 준비되어 있었는가? 혹은 고객사 사장이 보았을 때 당신의 일상이 하루하루 의미 있게 잘 보내는구나, 하고 생각할 만한가? 자신 있게 그렇다고 대답하는 사람은 많지 않을 것이다.

끝없이 결심과 포기의 반복이 이어지는 것이 어른들의 삶이다. 금연을 하겠다고 다짐해 놓고 3일 있다가 다시 피우고, 우리는 그런 모습을 보고 작심삼일이라며 진득하지 못하다고 키득키득 웃는다. 그렇지만 기회는 무언가의 준비를 반복하는 사람에게 오는 것이다. 기회를 잡기 위해서는 무슨 준비를 해야 하고, 어떤 것을 얻을 수 있을지 알고 있어야, 반복할 수 있는 동력이 생긴다.

기회를 잡기 위해 필요한 것들은 크게 외부적인 것과 내부적인 것으로 나눌 수 있다. 외부적인 것은 본인에게 주어진 환경에 따라 변화한다. 그래서 혹자는 이것을 운이라고 부르기도 한다. 그렇다면 외부적인 것은 어떻게 준비해야 할까? 신경 쓸 필요 없다. 외부적인 것은 내부적인 변화로 어느 정도는 나에게 미소 짓게 만들 수 있다.

예를 들어 이제 막 세무사 시험에 합격하고 수습처를 구한 A 세무사는 전기주 세무사의 말대로 '이제부터 난 사장이 될 거야'라고 마음먹었다. 출발부터 이미 생각의 뿌리가 올바르게 잡혔다. 물만 잘 주면 쑥쑥 클 수 있는 준비가 된 것이다. 그런데 일을 시작하고 나니 그곳의 사무장이 그를 고깝게 본다. 사무장 생각에는 어쩌면 그 수습세무사가 자신의 역할을 대체할지도 모른다는 두려움이 들었을지도 모른다. 싹수가 다르면 다른 사람들도 알게 마련이다. 사무장의 괴롭힘에 A 세무사는 곤혹스럽지만, 다음 기회를 잡기 위해 내면적 준비를 지속적으로 반복했다.

그런데 계속되는 사무장의 괴롭힘에 A 세무사의 내면은 황폐해져 갔다. 시간도 스트레스를 해소해 주지 않았다. 그나마 내면의 준비를 계속했기에 버틸 수 있었다. 그러던 어느 날, 고객사 중 한 곳의 자기 주식 소각 절차를 완벽히 수행하면서 A는 완벽한 도약을 했다. 이제 A는 진짜 성장하였고 사무장은 A의 의견을 무조건 수긍하고 존중할 수밖에 없는 상태가 되었다.

이런 이야기들이 현실에는 없을까? 많다. 우리는 이 기회, 즉 '어느 날 그 사건'을 잡기 위해 내면의 준비를 해야 한다. 사무장이 고깝게 보는 것은 외부적인 요인이다. '운'은 우리가 어쩔 수 없다. 결국 내면의 준비를 해야 해결할 수 있다. 그러면 내면의 준비를 어떻게 해야 할까? 나는 크게 두 가지, 운동과 독서를 추천한다.

운동 또 운동

세무사가 일하면서 받는 스트레스는 많다. 주변에 보면 정말 이 일이 천직인 것처럼 밝은 사람들이 있다. 그 세무사가 운이 좋아서, 스트레스를 주지 않는 좋은 고객사들만 가지고 있어서 그렇다고 생각할 수 있다. 개업 초기, 나는 이미 자리 잡은 세무사들에 대해 편견을 갖고 있었다. '저 선배 세무사는 웃음이 날 수밖에 없지, 스트레스 받을 것이 뭐가 있겠나? 일한 지 10년 이상 되었지, 경력자 직원이 빵빵하게 조력해 주는데, 하루하루 즐거움이 가득할 수밖에'라고 말이다.

그런데 그렇지 않다. 선배 세무사와 술 한잔 기울여보면 그 역시도 속이 타들어가는 일이 빈번하게 생긴다. 기라성 같은 세무사님들도 마음 한쪽에는 신고를 잘했을까 하는 불안감, 직원의 변동성에 대한 두려움, 업체 문제를 해결해 주기 위한 고민 등 모든 것이 있을 것이다. 그들 역시 수십 년간 흡연한 사람의 폐처럼 마음이 시커멓게 타 들어가 있을 것이다.

왜냐고? 우리는 돈을 관리하는 사람들 아닌가. 단순하게 돈을 이체 관리해 주는 경리나 은행이 아니라, 얼마나 벌었는가를 관리하는 사람이다. 이 일을 하면서 마냥 행복한 사람은 있을 수 없다.

누구나 가지게 되는 이 스트레스에 대한 관리가 필요하다. 무엇으로? 건강한 신체에서 바른 마음이 나온다. 몸의 관리가 먼저인지 마음의 관리가 먼저인지, 가중치를 둘 필요는 없다. 둘 다 관리해야 하니까. 그런데 몸이 뒷받침되지 않으면 마음의 관리를 하기 위한 명상을 하루 두 시간씩 해도 스트레스가 해소되지 않는다. 적어도 나는 그랬다. 아마도 나는 몸과 마음은 하나라고 생각하는 편이라 그럴지도 모르겠다. 어쨌든 몸 관리는 해야 한다. 무엇으로? 운동이다. 운동밖에 없다.

운동 가운데 어떤 것이 스트레스를 효율적으로 줄일 수 있는지는 정확히 모르겠다. 다만 내 경험에 따라 숨이 헐떡일 정도의 유산소운동을 하는 것이 몸의 근력을 만들어주고, 덤으로 스트레스를 푸는 데에도 많은 도움을 준다고 생각하고 있다. 나는 주 3회, 아침 7시에 테니스를 30분 정도 친다. 운동을 하지 않은 날은 마음이 허하고, 막연하게 불안하다. 유산소운동의 중독자가 되어버린 것 같다.

운동은 건강한 정신을 유지하게 한다. 아침 운동은 전날 저녁에 음주나 쓸데없는 시간을 보내는 것을 예방해 준다. 다음 날 이른 아침부터 유산소운동을 해야 하는데 전날 과음하면 그것을 할 수 없기 때문이다. 유산소운동의 중독자가 되면 전날의 회포를 푸는 것보다 아침의 운동이 나의 에너지를 더 좋게 만든다는 확신이 들어, 술을 마시는 것도 싫어진다. 이렇게 좋은 습관은 나에게 지속적으로 나은 환경을 만들어가게 하고, 그런 상황이 반복되면 긍정적으로 바뀌게 된다.

사람은 좋은 에너지를 내뿜는 사람 곁으로 가고 싶기 마련이다. 하루하루는 누구에게나 전투이기에, 사람들은 본능적으로 기운 빠진 나에게 도움을 줄 수 있는 사람을 찾게 되어 있다. 세무사를 찾으려고 하는 고객사 입장에서도 마찬가지다. 가능하면 좋은 에너지가 풍기는 사람을 원한다. 특히 사람을 기가 막히게 알아보는 눈썰미가 있는 사장들은 보기만 해도 안다. 냄새만 맡아도 되겠다, 안 되겠다 판단할 정도로 안목을 가지고 있다. 그런데 주기적인 운동을 하는 사람은 그렇지 않은 사람보다 분명 좋은 점수를 받게 되어 있다. 그러니 운동만으로도 평가의 절반은 먹고 들어가는 셈이다.

책을 읽자

나는 개업 전에는 1년에 책 한 권 읽지 않는 사람이었다. 그런데 개업하고 나니 나의 무식에 대해서 걱정이 들었다. 고객사에서 범위가 정해지지 않은 온갖 질문을 던진다는 것을 알게 되면서 생긴 걱정이다. 세무사는 모든 문제의 해결사이지 않은가. 그때부터 매일 신문을 읽고, 자기 전에 1시간씩은 꼭 독서를 하고 잠자리에 들었다. 이제는 그것이 더 확대되어 집 곳곳에 손이 닿는 곳마다 책을 놓고 생활한다.

책 속에 답이 있다는 것은 모든 분야에 적용된다. 세법 내용부터 답이 없을 것 같은 인생에 관련한 것까지, 책은 모든 내용을 망라한다. 선구자들이 본인의 생각과 경험을 담아놓은 것이니 당연하다. 사람이 살아가는 과정은 대단히 특별한 것이 아니기에, 그에게 답이었던 것은 나에게도 정답이 될 가능성이 높다. 책은 저자의 역사이고, 그것이 미래의 나에게 방향을 제시해 줄 수 있다.

책은 문제해결 능력도 키워준다. 사무실의 인사관리에 대해 고민이 될 때 선배 세무사에게 어떻게 할지 바로 묻지 마라. 그도 대단한 노하우를 가지고 있지 않다. 그냥 자기만의 방식대로 하고 있을 뿐이다. 이럴 때는 책으로 먼저 경험한 대가들에게 질의응답을 해보는 것이다. 인사관리책을 5권 정도만 읽어보면 거기에서 당신의 고민에 대한 해답을 얻게 될 것이다.

습관이 모여야 변화한다

모든 변화는 일시에 찾아오는 것이 아니다. 무언가 한 가지가 변화한다고 해서 성공으로 갈 수 있는 문이 열리는 경우는 없다. 세무사 시험에 합격만 하면 끝인 것 같지만, 이미 1만 명이 경쟁하고 있는 세무사 시장에 신참으로 진입했을 뿐인 것처럼 말이다.

그러므로 과거의 노력이 쌓이고 쌓여 겹겹이 층을 이루어 양질의 토양이 될 수 있도록, 내면에서부터 꾸준히 준비를 해야 한다. 그런 과정이 누적되면 어느 날 산의 중턱에 와 있는 자신을 발견하게 되고, 그것을 바탕으로 정상에 올라갈 수 있는 것이다. 얼마나 오래? 죽을 때까지다. 단순히 돈을 더 벌기 위한 준비만을 의미하는 것이 아니다. 이는 인생을 의미 있게 보내기 위한 필수조건이다.

고객사에 정기 리포트와 쓸 만한 팁을 제공하라

하는 것도 없는데 왜 매달 돈을 줘야 할까

세무사 일의 기본 수입인 기장 수입료는 매달 일정 수수료를 고객사로부터 받는다. 고객사에 따라 10만 원부터 몇백만 원까지 돈을 받는다. 매달 고정비를 지출하는 고객사는 사업의 돈 회전이 부족할 때마다 고민이 든다. 이번 달 입금된 수입 총액은 5천만 원이고 재료매입금액 3천만 원, 인건비 1,500만 원을 이체하고 500만 원의 잔고가 생긴다. 집으로 보내줘야 할 돈이 팍팍하다.

남아 있는 돈 중에 줄일 수 있는 금액이 있는지 목록을 체크해본다. 세무 대행비로 10만 원이 매달 나가는 것을 확인했다. 그런데 4개월 전 부가세 신고할 때를 제외하면 세무사 사무실로부터 연락을 받은 적이 없다. 내가 제대로 된 돈을 지급하고 있는지 의문이 들기 시작한다. 인터넷에 검색해 보니 내가 한 번도 받아보지 못했던 서비스를 제공해 주면서 6개월 무료라고 적혀 있다. 게다가 가격도 5만 원이라고 한다. 옮기지 않을 이유를 찾지 못한 그 고객사는 거래 세무사 이전을 선택하게 된다.

보여주기 위한 노력을 하지 않는 것이 문제다

세무 시장에 저가 수임에 대한 문제를 이야기하고 싶은 것이 아니다. 우량 고객사 또는 사업에 대한 생각이 트인 고객사 사장님은 사실을 안다. 상식적으로 생각해 보면 기장료 10만 원도 싸다는 것을 말이다. 출퇴근 보안카드 한 장 주고 전화 한 번 올 일 없는 보안업체에 매달 10만 원을 주고 있는데, 사업장 세금신고를 하는 데 10만 원이라면 거저라는 생각 말이다.

문제는 세무사 사무실이 보여주기 위한 노력을 하지 않는 데 있다. 고객사에게 주기적으로 일을 하고 있다는 액션을 하지 않으면, 고객사는 세무사가 아무 일도 하지 않는다고 생각하기 때문이다. 앞의 사례에서 고객사 사장님이 세무사를 옮기는 이유는 저렴한 기장료 5만 원 때문이 아니다. 진짜 이유는 '특별한 곳 있겠나? 어차피 둘 다 연락 없는 건 똑같을 텐데, 싼 곳에서 하자'라는 생각이 들기 때문이다.

결국 우리는 매달 무언가를 하고 있다는 적절한 액션을 해야 한다. 그래야 고객사가 어느 날 사업장통장을 분석해서 지출되는 비용을 검토할 때 '탈락 대상'이 되지 않을 수 있다. 세무사 사무실에서 신고 시기 말고는 일을 안 하는 것이 아니기에, 매달 나가는 필요 없는 비용에 세무 비용이 포함된다는 것은 우리의 마음을 아프게 한다. 그런데 사실 고객사 입장에서는 아무 일도 안 하는 것처럼 느껴지는데 돈을 지출하는 것이 쉽지 않을 것이다. 다른 대체안을 고려해 볼 필요가 있다고 생각하지 않을까?

세무사에게 고객사가 무리한 요구를 하는 일은 과거보다 많이 줄어들었다. 예를 들면 '카드 단말기를 바꿔 세금 적게 납부하는 방법이 있다는데, 왜 세무사가 그런 것도 알려주지 않느냐', '옆집 사장은 그렇게 해서 이번에 부가세를 하나도 안 냈다더라'와 같은 얼토당토않은 요구들 말이다. 몇 년 전 한참 유행했던 이 방식은 카드 단말기를 하나 더 만들어서 홈택스에서 해당 매출이 조회되지 않게 눈속임한 것이었다. 사장님들은 이걸로 영업하는 사람들에게 사기당했다. 영업 사원들이 절세방식이라고 하기에 계약했지만, 실제로는 탈세였기 때문이다. 국세청은 단말기 추가 1~2년 후에 누락되었던 매출 전체를 포착해 수정신고 안내문을 발송했다.

이제 사장님들도 이런 유형의 사기는 잘 당하지 않는다. 몇 년 전보다 지금의 사장님들은 생각보다 많은 세금 정보에 노출되면서 지식수준도 높아졌다. 또 세금 장난을 치면 국세청에 무조건 적발된다는 것도 주변 사장님들을 통해 많이 보았기에, 세무사에게 세금을 무조건 줄여달라고 요구하는 일은 없어졌다. 그렇다면 우리가 일하고 있다는 것을 어떻게 고객사가 느끼게 할 것인가?

정기 리포트를 발송하자

시스템적으로 갖추어야 하는, '일하는 티'를 내는 수많은 방법 중 가장 첫 번째로 해야 하는 것은 정기 리포트라고 생각한다. 정기 리포트는 매달 사업장에 필요한 정보를 발송하는 정보지, 또는 뉴스레터라고 생각하면 된다. 필요한 정보에는 개정되는 세법 정보, 절세정보, 정책자금 등이 포함된다. 발송하는 입장에서, 고객사가 '아이고, 그래도 뭘 하긴 하는구나'라는 생각이 들겠다는 정도면 된다. 우리가 보낸 정보를 통해 고객사가 정책자금을 신청해서 받는 등, 실제로 도움이 된다면 더 좋을 것이다.

고객사의 상황에 맞추어 일일이 맞춤 정보를 제공하는 것은 현실적으로 어렵다. 만약 공고된 정책자금을 보자마자 특정 고객사가 번쩍하고 떠오른다면, 그것은 컨설팅 영역으로 진행해 추가 수입을 창출하면 된다. 일반적인 정보는 포괄적으로 발송하고, 그 이상의 서비스를 제공한다고 생각하면 안 된다.

이것을 통해 부수적으로 개선되는 점도 있다. 세법개정 내용을 업데이트하는 것이다. 세법은 매년 개정된다. 세무대리인이 일하는 데에도 중요하지만 고객사에게는 매우 중요한 정보가 될 수도 있다. 그런데 일에 쫓기다 보면 어느 순간 세무대리인은 이 중요한 정보를 업데이트하는 데 시간을 많이 쏟지 않게 된다. 루틴화하지 않은 업무는 언젠가는 풀어지게 되어 있다. 개정된 세법을 알지 못하는 것은 말도 안 된다고, 너무 심한 가정이 아닌가 생각하는 세무사도 있겠지만, 실제로 일어나는 일이다. 매달 체크하고 리포팅

| 정기 리포트 예시 1 |

JUNGSUNG NEWS

A Quarterly Update of Developments in Korea

2022년 세세개편 후속 시행령

경제 활력 제고

1 기업경쟁력을 제고하겠습니다.

01 해외자회사 배당금 익금불산입 범위 구체화

구분	내용
해외자회사 요건	❶지분율 10% 이상 ❷배당기준일 현재 6개월 이상 주식 보유
적용 제외 대상 (조세 회피 방지)	❶수동적 업종 또는 수동소득 위주로 영위하는 해외자회사 (단, 실제 세부담율 15% 이하) ❷부채와 자본 성격을 동시에 갖는 혼성금융상품

02 일감몰아주기 증여세 과세제도 합리화

구분	내용
사업부문별 과세 허용 요건	❶사업부문을 한국산업표준분류상 세세분류 이상으로 구분 ❷사업부문별 회계 구분경리

03 일감몰아주기 과세 제외 거래 확대

현행	개정안
중소기업 간 거래, 지주회사의 자회사와의 거래 등	(좌 동)
대기업의 제품 · 상품 수출목적 국외거래	(추가) 대기업의 제품 · 상품 수출목적 국내거래, 용역의 국외공급 목적 거래

| 정기 리포트 예시 2 |

JUNGSUNG NEWS

A Quarterly Update of Developments in Korea

최근 10년간 최저임금 인상추이

<최근 10년간 최저임금 인상 추이(2013년~2023년)>

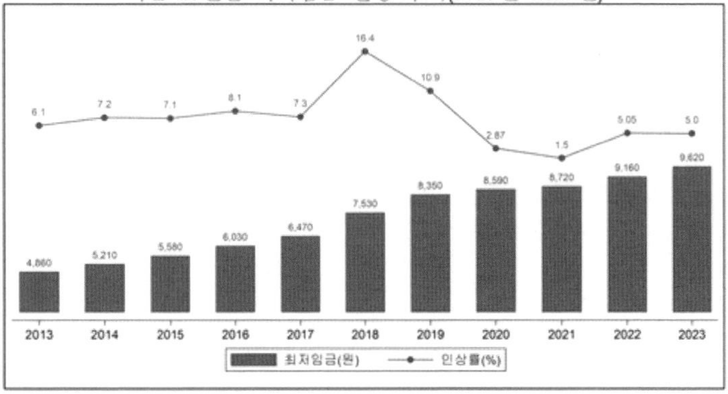

2023최저임금

시간급	일급 (8시간기준)	월급 (주40시간, 월 209시간기준)
9,620원	76,960원	2,010,580원

하지 않으면, 즉 '업무의 루틴화'를 하지 않으면 그렇게 된다. 그러므로 매달 이 일을 하다 보면, 정보지를 채우기 위해서라도 관련 정보를 연구하게 되고 트렌드도 좇을 수 있다.

얻을 수 있는 효과

핵심은 정책자금이나 세법개정 정보지를 매달 발송해야 한다는 것이 아니다. 정보지는 실제로는 고객사를 위한 것이 아니라 세무사 스스로를 위해 매달 준비해야 하는 것이다. 나를 위해 준비하고 나면, 이미 준비되어 있으니 약간의 가공만 해서 고객사에 전달하면 된다. 많은 시간이 투입되지 않는 것이다. 하지만 그 정보지를 보고 고객은 우리를 더 큰 회사로 느낄 것이다. 그것은 권위를 만들고, 사무실의 직원들도 고객사의 사장님에게 좀 더 존중받게 될 것이다.

여기에서 더 나아가 세무사가 매달 일을 하고 있다고 고객이 느낄 수 있게 하는 무언가를 계속 만들어야 한다. 주머니에서 돈이 나올 때, 그럴 만하다고 고객이 느끼도록 해야 한다. '정성 세무회계는 조금 비싸지만, 그래도 그 돈을 낼 만해. 일을 많이 한다니까'라는 생각이 들도록 말이다. 그것이 우리가 AI 시대에서 살아남을 수 있는 비법이 될 것이다.

프로그램을 기획하는 세무사가 돼라

의지 있는 곳에 개선 있다

세무사 사업에서 프로그램은 필수적인, 아니 가장 중요한 도구가 된 지 오래다. '더존' 프로그램만 봐도, 만약 프로그램이 없다면 업무가 멈출 것이다. 세무사는 프로그램 변경을 선택하는 것은 현실적으로 어렵다. 그 프로그램에 이미 적응되어 있는 직원이 다른 것을 원하지 않기 때문이다. 나는 다른 선택권을 가질 수 있도록 '세무사랑' 프로그램을 개발해 둔 것이 그나마 다행이었다. 대체안이 있다면 제약이 있더라도 바꿀 수 있기 때문이다.

독점적인 지배력을 가지고 있는 소프트웨어들은 세무사 시장뿐 아니라 자영업자에게 사업에 필요한 정보를 제공하는 소프트웨어 시장에도 확대되어 가고 있다. 시장을 잘 파악해서 출시하는 그들의 능력과, 프로그램 이용자들의 의존성으로 인해 그 회사들은 더 성장할 것이다. 세무사들이 프로그램 회사에 의존할 수밖에 없는 구조가 되는 것이다.

고객사에서 A라는 프로그램을 이용해 세금 신고에 필요한 전체 정보를 기입 관리하고 있었다면, 세무대리인에게 전달하는 정보도 그것으로 하려 할 것이다. 그러면 세무사도 그 프로그램의 이용료를 지급해야 고객사 정보를 수취할 수 있을 것 아닌가. 더 시간이 지나면 세무사는 그 프로그램을 이용해 신고의 문제가 없는지 체크하는 보조수단으로 전락하고 말 것이다.

세무 소프트웨어 프로그램 시장에 뛰어들어라

주도적인 입장에 서기 위해서는 결국 무기가 있어야만 한다. 고객사를 편하게 해주는 세무사만의 프로그램 하나쯤은 가지고 있어야 한다. 그것이 다른 세무사가 개발한 프로그램이라도 상관없다. 더 나은 서비스를 위해 세무사들이 춘추전국시대처럼 프로그램 시장에 뛰어든다 하더라도, 독점 지배력이 있는 소프트웨어 회사에게 시장을 잠식당하는 상황만큼은 막을 수 있을 것이다. 그렇게 되면 프로그램 회사들은 독점력을 잃게 될 것이고, 우리가 지속적으로 만들어가는 프로그램 중에도 매력적인 것들이 많아질 테니 말이다.

지금 당신이 그 시장에 뛰어들기를 바란다. 직접 기획하고 개발하기 위한 노력을 해보라고 말하고 싶다. 수동적인 입장에 있는 사람은 주도적인 입장에서 일하는 사람에게 먹힌다. "이런 기능 좀 넣어주세요"라고만 이야기하는 사람은 뭣도 아닌 프로그램이라도 직접 기획하고 개발해 본 사람에게 먹힌다. 그들은 조금이라도 다를 수밖에 없고, 그 작은 차이는 몇 년이 지나면 따라갈 수 없는 격차로 벌어진다.

이미 많은 세무사들이 더 나은 서비스를 제공하기 위해 소프트웨어 회사에 제안하는 것만이 아니라, 직접 소프트웨어 시장에 진입하려는 고민을 하고 있을 것이다. 그래야만 세무사 시장에서 살아남는다는 것을 알았기 때문이다. 누군가는 벌써 알고 있다. 격차를 만들기 위해 프로그램 개발 시장에 진입해야 하며, 그것이 생존과 직결될 것이라는 사실을. 필요한 것은 직접 만들어내겠다는 의지를 가져야 산다.

프로그램 개발을 위한 시도

내가 개발한 프로그램은 '전수 녹취 프로그램'이었다. 기존에 출시된 프로그램에는 내가 원하는 기능이 없었기 때문에 직접 개발한 것이다. 제일 큰 문제는 확인할 수 있는 녹음의 수가 적었다는 점이었다. 세무사는 세금 신고에 문제가 생기면, 어떤 통화를 나누었는지 몇 년 전 것까지 확인해야 할 때도 있어서, 통신사에서 제공하는 녹취 이용에 한계가 있는 프로그램은 사용하기에 적합하지 않았다.

전체 녹음과 함께 일자별, 업체별로 언제, 몇 분을 통화했는지도 표시되고, 그에 따라 직원이 통화 요약 기록을 할 수 있기를 원했다. 업체와의 미팅으로 사무실을 비울 때가 많았던 내가 어떤 업무가 있었는지 확인할 유일한 방법이라 생각해서다. 통화가 길었던 고객사를 선별해 1차로 직원이 남긴 메모를 체크하고, 즉시 녹음 파일을 듣는 것으로 연결시켜 두었다. 직원들도 녹음이라는 데이터 기반이 있기에 메모 남기는 것을 게을리하지 못했다.

나의 니즈는 결국 고객사별, 날짜별로 고객사와의 모든 통화를 기록하고 녹취하는 것이었다. 그런데 원하는 기능으로 시장에 출시되어 있는 것이 없었고, 이것을 해결하고 싶었다. 내 머릿속은 '세무사 사무실은 콜센터나 다름없는데 CRM 프로그램이 없다면 어떻게 일을 한단 말인가?'로 가득 차 있었고, 무조건 이런 프로그램을 만들지 않으면 성장하기 어렵다고 생각해, 직접 만들고자 기획한 것이다.

이전까지 나는 기획이라는 것을 해본 적이 없었다. 세무사 사무실을 개업할 때에도 무작정 패기로 부딪쳤지, 처음부터 의도를 가지고 한 것은 없었다. 하다 보니 이렇게 된 것일 뿐이다. 그런 무식한 도전이 가능했던 이유는 내가 라이선스를 가지고 있었기 때문이다. 세무사 사업을 하려면 자격증이 있어야 된다는 진입장벽 때문에, 땅에 그냥 머리를 박아도 뚫렸던 것이다. 그렇지만 진입장벽이 없는 프로그램 사업에 무작정 도전할 수는 없는 것이었다.

먼저 전지에 프로그램의 방향과 원하는 것을 정리한 구체적인

통화가 길었던 업체가 있었는지 매일 혹은 주기적으로 확인하고 녹음 파일을 체크한다. 통화 메모를 통해 업체의 요구사항과 답변내용을 체크한다.

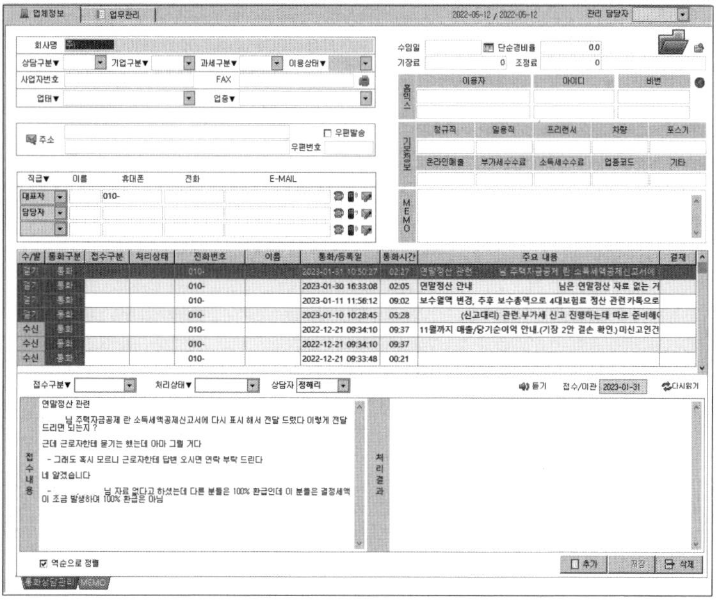

업체로 전화가 오면 수신된 전화번호를 인식한다. 수화기를 들면 위와 같은 팝업창이 pc에 뜬다. 사무실의 담당자는 업체와의 통화 내용을 즉각 확인하고, 업체에 피드백을 줄 수 있다.

계획표를 그렸다. 개발자와 미팅을 하며 알게 된 것은, 내가 구체화한다고 한 기획은 프로그램이 완성되는 과정에서 볼 때는 매우 사소하고 하찮은, 아무것도 아닌 것일 뿐이라는 사실이다. 내가 무엇을 원하는지 개발자가 정확하게 파악하기 위해서는 내 기획이 반드시 필요했고, 결국 내가 원하는 대로 완성되어 나왔으니 기획이 전부였던 것은 맞다. 하지만 개발자의 시각에서, 프로그램 개발 과정에 대한 경험이 전혀 없는 사람이 작성한 내 기획서는 그야말로 아무것도 아닌 것이나 다름없었을 것이다.

개발자에게도 로열티를

나는 프로그램 개발자에게 매출금액의 일정 비율(%)을 로열티로 지급하는 약정서를 제시했고, 개발비로도 원하는 금액을 지불했다. 장사치는 단발성으로 끝나는 일에 대해서는 신경을 덜 쓴다는 것을 세무사 일을 하며 느낀 바가 있었기 때문이다. 로열티 약정 하나만으로, 개발자는 한 번의 생각에서 끝날 것을 두 번 생각했을 것이다. 그의 입장에서는 그렇게 시간이 많이 소모되는 것이 아니니까. 그런데 이런 차이가 모이면 로열티 이상의 수입 증가로 이어질 것이 분명했다. 단순한 약정서일 뿐이지만 이것은 개발자의 행동과 생각에 영향을 주었을 것이고, 나의 기대보다 완성도 있는 프로그램이라는 결과가 되어 돌아왔다.

새로운 분야에 투자할 때 사람에게 투자하는 것은 필수적이다. 어설프게 코딩 배운다고 설치지 마라. 당신은 잘 기획하고 당신을 위해 일하는 사람에게 투자하면 성공적으로 개발할 수 있다. 그것이 실패하지 않는 유일한 비법이다.

세무사업에 대한 더 깊은 본질적 이해

개선하고자 하는 의지만 있다면 우리는 새로운 도전을 할 수 있다. 어설프게 프로그램에 대해 공부하려 노력하지 말라. 그 시간에 내가 진짜 필요한 기능이 무엇인지 고민하고 기획하는 시간을 가지는 것이 훨씬 효율적이다. 여러 곳, 또는 여러 명의 개발자와 미팅을 진행하며 이상과 현실을 조율하는 시간을 가지면 된다. 이때 유의해야 할 것은 사람에 대한 투자는 결국 한 단계 나은 프로그램으로 돌아온다는 것을 기억하는 것이다. 충분히 도전할 만하며, 누구나 할 수 있다.

우리 집 아이는 일곱 살인데, 욕심이 많은 편이다. 하루는 사촌오빠에게 지지 않을 정도로 줄넘기를 잘하고 싶은데, 어떻게 하면 좋은지 물어왔다. 나는 아이에게, 잘하고 싶다면 매일 50개씩 연습해 시간이 지나면 언젠가는 이길 수 있을지도 모른다고 말했다.

어른들은 모두 알고 있다. 아무것도 하지 않으면 어떤 결과도 없다는 것을. 세무 업무를 자동화하는 프로그램에 언젠가는 기장시장, 또는 세무사 시장은 쪼그라들 것이다. 시간 싸움일 뿐. 예견되는 상황에서 손 놓고 바라만 보는 것은 포기하는 것과 같다. 어떤 행동이라도 해야만 한다. 그리고 행동은 늘 결과를 가져오기 마련이다. 우리가 관심을 가지고 프로그램을 개발한다면 우리의 시장을 오롯이 지키는 결과가 될 것임을 잊지 말자.

의미 있는 사람과 의미 있는 관계를 맺어라

사람은 관계를 통해 성장한다

나는 고등학교 선생님과 깊은 인연을 가지고 있다. 행복한 가족을 가질 수 있도록 가장 큰 도움을 준 사람이기도 하거니와, 그 외에도 나에게 의미 있는 소중한 사람들을 연결해 주었기 때문이다. 그중 한 사람이 A라는 친구다.

A는 시설에서 지냈었는데, 내가 그를 알게 된 시점은 그가 중학생 때였다. 선생님은 A에게 경제적인 도움을 주고 싶어하셨고, 나를 비롯한 뜻이 맞는 몇 명과 함께 A에게 도움을 주기도 했다. 각자의 삶이 있기에 자주 만나지는 못했지만, 그래도 크리스마스 같은 특별한 날에는 식사도 하면서 관계를 유지해 나갔다.

어느 날 A가 대학에 합격했다는 기분 좋은 말과 함께, 이제 졸업도 했으니 선생님과 형들과 함께 술 한잔하고 싶다고 연락이 왔다. 생애 첫 술을 본인에게 가장 의미 있는 사람들과 하고 싶다는 말과 함께 말이다. 공부를 하는 데 어떤 도움도 받지 못하고 누구나 하는 학원 강의 한 번 수강하지 못한 친구가 누구나 가고 싶어 하는 일류대학에 합격한 것만으로도 대견한데, 그 기쁨을 나와 같이나누고 싶다는 것이 얼마나 고마운가. 그 마음만으로도 가슴이 벅찼다.

기분 좋은 자리에서 그에게 몇 가지를 물었다. 나라면 결코 해낼 수 없을 것이라 생각되는 환경에서 일류대학에 갈 수 있었던 비법이 궁금했다.

"형, 저에게는 늘 저를 응원하고 용기를 불어넣는 분들이 있었어요. 시설에 있는 한 선생님은 제가 청소만 해도 잘한다고 칭찬해 주셨어요. 글을 배울 때는 연필과 지우개를 가지고 제 옆에 앉아 제가 한 자 한 자 글자를 쓰는 것을 알려주고, 잘하면 늘 칭찬해 줬지요. 저는 그분에게 칭찬받고 싶어 열심히 했어요. 그리고 힘든 상황에서 제가 할 수 있는 것은 투정 부리는 것이 아니라, 할 수 있는 것을 계속하는 것이었어요. 아마 그것이 제 비법이지 않을까 해요."

당시 그의 말은 나에게 적잖은 충격이었다. 이제 스무 살이 된 학생의 생각이라기엔 너무 깊었다. 좋은 선생님이 있었기에 바른 길로 갈 수 있었다는 그의 겸손한 생각이 멋졌다. 주어진 환경을 푸념하는 것이 아니라 자신이 할 수 있는 일을 그저 계속했다고 말하는 담담함에, 참 고생 많았다며 어깨를 토닥여주고 싶었다.

그의 말대로 그 주변에 좋은 영향력을 주는 사람이 없었더라면 분명히 지금까지 오는 데 어려움이 있었을 것이다. 우리는 누군가와의 인연으로 성장할 수 있는 도약의 발판을 마련하는 경우가 많다. 나 역시 그랬다.

나에게 의미 있는 사람

세무사는 돈을 만지니까 무조건 돈을 많이 가지고 있는 사람을 곁에 두어야 배울 수 있다고 생각할지 모르겠다. 하지만 유튜브에서 1억 원의 자본금으로 100억 원을 번 주식 투자가, 또는 사업으로 1년에 10억 원을 벌게 된 노하우를 아무리 본다 한들 내가 그렇게 될 수 있을까? 지금 당장 1년에 1억 원도 벌지 못하는 사람에게 끝판왕 같은 그들의 성공담은 막연하기만 하다. 왜 그럴까?

내가 진실되게 아는 사람이 아니면, 나에게 의미가 있는 사람이 해주는 말이 아니라면 변화의 계기가 될 수 없기 때문이다. A가 저학년일 때 내가 공부 좀 해본 경험이 있다고 수학을 잘 이해하는 비법을 알려줬다면 그가 받아들였을까? 그 시절 그에게 필요했던 것은 공부를 많이 해본 베테랑 선배가 아니라, 지우개와 연필을 가지고 그 옆에서 격려해 주는 그 선생님이 아닐까?

우리는 나에게 의미 있는 사람이 아니면 상대의 말에 잘 가치를 부여하지 않는다. 오히려 본능적인 반발심이 생겨 변화를 만들기 어렵게 한다. 나는 변화의 계기를 꼭 멀리서 찾거나, 또는 특별한 것을 찾아야만 한다고 생각하지 않는다. 예전에는 보지 못했으나 지금의 나라면 볼 수 있는, 나의 주변인을 통해 변화의 계기를 찾아보자. 하루하루 열심히 직장인으로서 가족을 부양한 내 아버지에게 직장 생활의 비법을 묻고, 그것을 생활화한다면 어떨까? 존경하는 사람은 따라 하고 싶어진다. 따라 하면 닮게 되고, 그러면 내재화할 수 있다. 변화의 답은 결국 가까이에서 찾아야 한다.

돈을 좇는 게 아니라 생각을 좇아야 한다

골프 레슨을 잘하기로 유명한 프로에게 장인어른과 함께 필드 레슨을 받은 적이 있다. 하루 레슨 비용은 120만 원이었는데, 나는 생각보다 저렴하다고 느꼈다. TV 출연도 하고 투어 우승까지 한 그의 성과와 유명세, 10년 이상 한 분야의 전문가가 되기 위해 들인 노력에 비하면 아무리 생각해도 저렴했다. 이유가 너무 궁금했다.

"프로님, 레슨 비용이 조금 저렴한 것 같은데, 혹시 이유가 있습니까?"

조심스러운 나의 질문에 그의 답변은 이러했다.

"저는 가정환경이 뒷받침되지 않아 레슨을 받지 못해 고생을 많이 했어요. 그래서 다른 프로들보다 많이 받지 않고 가격을 유지하려고 해요. 또 레슨을 하는 게 너무 재미있고, 수강생들이 레슨 덕에 스코어를 갱신했다는 말을 들으면 너무 보람됩니다."

그의 말을 들은 우리 장인은 "프로님이 돈을 좇지 않고 하고 싶은 일을 계속한다면 분명 지금보다 더 훌륭한 프로로 성장할 겁니다. 돈은 알아서 따라올 거예요. 훌륭한 생각이에요"라고 말씀하셨다.

세무사는 30분 상담 비용으로 5만 원도 겨우 받는데, 하루 레슨에 저 가격이라면 사치스럽다고 할 사람도 많겠지만, 남의 시간을 사는 일에는 늘 돈이 들어간다. 그것은 만고의 법칙이다. 사람마다 생각하는 적절한 대가는 다르고, 분야에 따라 시간에 매겨지는 값도 다르겠지만, 시간을 산다면 돈을 지불해야 한다는 원칙만은 변함없다. 또한 사람에게 투자하는 돈은 조금 과하더라도 좋은 대가로 보답해야 한다.

세무사 일을 하다 보면 상담료를 받기가 무척 어렵다는 사실을 매번 경험하게 된다. 어떤 세무사는 자신이 공부했던 시간의 대가인 상담료를 제대로 못 받는다고 투덜댄다. 그러고는 고객에게 받은 법률 질문에 대해 지인 변호사에게 자문을 구하고는, 정작 자신은 그 변호사에게 상담료를 지불하지 않는다. 본인이 다른 사람에게 주는 돈은 아까워하면서 남들이 자신에게 상담료를 제대로 안 준다고 투덜댄다면, 당신의 생각이 그 수준이기에 돈을 못 받는 것이라고 생각하라.

그날, 돈은 나에게 붙게 되는 것이지 좇는 것이 아니라는 장인어른의 말씀은 내 마음을 울렸다. 옳은 말씀이다. 아마 이런 이야기는 부자가 되는 비법서 대부분에 적혀 있을 것이다. 돈의 속성이 그러하니 말이다. 하지만 나는 평소 나에게 의미 있는 사람에게 들은 말이기에 그 생각을 내재화하는 것이 훨씬 쉬웠다.

이런 사고의 변화는 세무사업에도 긍정적인 변화를 주었다. 좇을 필요가 없었기에 일에 초연해지고, 사업을 하는 데에도 조급함이 사라졌다. 소신을 가지고 한 나의 행동 하나하나가 분명 긍정적인 영향을 미칠 것이라 믿어 의심치 않기 때문이다.

대단한 사람은 없다

고객사의 사장님 중에는 자수성가해 본인의 재력을 뽐내고 으스대는 사람도 많다. 우리는 그들을 보며 때때로 고독하고 외롭다. 저런 이들도 맛보는 성공, 가만히 있어도 저들 주위로 붙는 돈들이 왜 나에게는 오지 않을까? 분명 다른 비법이 있을 것 같다는 생각에 미쳐버릴 것 같다.

개업 세무사로서, 파트너 세무사로서 성공하고 싶은 당신에게 말하고 싶은 것은 나에게 의미 있는 사람과 더 긴밀한 관계를 맺고 내면의 사고를 변화하라고 권유하고 싶다. 아무리 훌륭한 방법론을 이야기하더라도 사고의 성장이 이루어지지 않은 사람에게는 의미 없는 처방일 뿐이다. 좋아하고 의미 있는 사람의 사소한 행동 하나하나를 좇아가고 그들 삶의 태도를 배우기를 권유한다. 식당에서 밥을 먹고 나오면서 음식점 사장에게 따뜻한 눈빛으로 "잘 먹었습니다"라고 인사하는 것에 성공의 비법이 있다.

전문가 그룹을 만들어라

세무사는 사업주의 가장 가까운 소통창구

세무사는 만능 해결사다. 고객사는 어떤 일이든 먼저 세무사에게 전화를 건다. 사장님의 가족을 빼고 업무적으로 통화하는 사람의 단축번호 1호가 세무대리인임이 분명하다. 노무 관련 업무가 세무사로 넘어온 것은 기억이 나지 않을 정도로 오래되었다. 아니, 처음부터 세무사가 했는지도 모른다. 인건비 신고를 하기 위해 매달 급여를 고객사에게 요청하니, 사장님에게는 당연하게도 사회보험이나 노동법과 관련된 문제가 세무사의 영역이었을 테니까.

우리는 수십, 수백 개의 고객사로부터 반복된 질문을 받으며 노동법 관련 이해와 경험을 쌓아갔을 것이다. 그리고 물음들의 난이도는 인터넷을 검색해 보면 알 수 있는 간단한 경우가 태반이었기에, 경험이 없어도 해결이 가능했다. 비단 노무 업무만 물어보는 것이 아니다. 정부지원금, 연구소 설립과 관련된 질문부터, 본인의 임대건물에 임차인이 월세를 오랫동안 미납하고 있는데 회수할 수 있는 방법이 없는지까지 묻는다. 도대체 어느 정도까지 해결해 달라는 것인지, 종잡을 수 없다. 어떤 세무사는 10년 가까이 일을 했어도 저런 전화를 하는 사장님 때문에 계속 스트레스를 받기도 한다. 왜 기장 서비스가 아닌 모든 것에 답변하고 해결을 해주어야 하는가?

해결사가 아니라 정리자다

해결사라고 말은 하지만 세무사는 해결사가 될 수 없다. 세무 분야가 아니라면 우리가 해결해 주고 싶어도 못 한다. 뭘 알아야 해결해 줄 것 아닌가? 그런데 제대로 알지도 못하는 분야를 해결하기 위해 인터넷을 검색한다. 최저시급에 위배되는 금액을 확인하고 싶다는 사장님의 질문을 받고 인터넷에서 검색해서 답변하는 것은 얼마나 위험한 발상인가. 인터넷에 포스팅된 글은 정말 확실한 정보인가? 그것을 활용해 업무를 수행한 후 문제가 발생한다면 책임질 수 있는 주체가 있는가? 책임자가 없다면 그 정보는 풍문이다.

"알아보고 전화 드릴게요"라는 답변 후에 인터넷에서 정답을 찾는 행위는 풍문을 확인해 본다는 말과 같다. 다른 전문가에게 상담료를 지불하면서 답을 구한다 하더라도 한계가 있다. 다른 전문가는 세무사를 통해 전달한 정보에 대한 책임을 질 수 없다. 답변 과정, 또는 질문을 할 때 제대로 전달되었는지를 알 수 없어서다. 1차 답변을 하더라도 그 후에 있는 2차, 3차의 꼬리에 꼬리를 무는 질문은 어떻게 해결할 것인가? 직접 상담할 지식이 없다면 풀어줄 수 없다.

결국 세무사가 고객사 사장님에게 제공해야 하는 것은 무엇이 궁금한지 정리해 주는 것이다. 많은 사장님들이 진짜 궁금한 것을 정리하는 일에 서툴다. 부동산 임대법인을 가지고 있는 A 사장님은 자녀에게 주식을 주고 싶다. 주식을 그냥 주면 되는지, 아니면 현금을 줘야 하는지 아무리 생각해도 잘 모르겠다. 인터넷을 찾아보니 자금출처 이야기, 주식평가를 잘해야 한다는 말도 있다. 고민해도 답이 없으니 세무사에게 전화한다.

"세무사님, 애한테 현금과 법인 주식 중 무엇을 주는 것이 유리한가요?"

사실 이 질문은 세무사에게 물어야 하는 것이 아니다. 자녀에게 "삼성전자 주식을 사주는 것이 유리할까요, 강남 아파트를 사주는 것이 유리할까요?"와 같은 질문이기 때문이다. 세무사가 어떤 투자가 유리한지 판단하는 사람은 아니지 않은가. 올바른 질문은 "내 소유의 부동산 법인의 주식을 자녀한테 주려 하는데 어떤 방식으로 줘야 하나요?"이다. 이렇게 질문해야 의도를 정확하게 파악해서 주식을 주는 방법에는 양도와 증여가 있고, 각 방법에 따른 세금 문제는 이렇다고 정리할 수 있다. 그런데 사장님은 고민하면 머리 아프니까 정리되지 않은 질문을 세무사에게 던져버리는 것이다. 세금 문제니까 세무사한테 물으면 된다고 말이다.

세금 말고 다른 문제에서도 마찬가지다. B 사장님은 제조업을 하는데, 주변으로부터 임대인이 망해가고 있는 중이라고 들었다. B 사장님은 어떤 문제가 생길지 예측할 수 없다. 법률문제는 자기가 고민할 수 없는 영역이라 생각해서, 질문이 정리가 안 된 상태에서 세무사에게 전화한다. “임대인이 망해간대요, 어떻게 해요?”라고 말이다. 그럼 우리가 해야 하는 일은 무엇인가? 사실 너무 간단한 문제다. 임대인이 망해서 임차인이 잃는 것이 무엇인가? 임차인의 보증금이다. 보증금을 안정적으로 확보할 수 있는 대비법이 무엇인지 법무사를 통해 확인해 보라고 하면 된다.

질문을 교통정리만 해줘도 고객사의 물음 중 절반은 해결된다. 질문만 명확하면 모든 문제는 해결이 가능하다. 세무사가 도움을 줘야 하는 역할도 여기에 있다. 법률문제를 해결하기 위한 실질적인 행동이 아니라 질문의 정리, 그것을 물어봐야 하는 곳을 알려주는 것만으로도 문제 해결이 시작된다. 그리고 결국 사장님 입장에서는 우리가 해결사가 된다. 교통정리를 해서 그 문제의 답변을 줄 수 있는 사람에게 연결해 주었으니 말이다. 결국 세무사에게 가면 해결된다고 사장님은 인지한다.

해결사도 때론 필요하다

세무사에게 필요한 것은 질문의 정리를 해주는 역할이라는 것은 알았다. 그런데 이걸 세무사가 계속 해야 하는가, 하는 물음이 들 수 있다. 왜 세금과 관련도 없는 분야에까지 세무사가 정리를 해주고 도움을 줘야 하는가 싶기 때문일 것이다.

우리는 질문 정리를 하는 데 시간이 많이 필요하지 않다. 들으면 바로 교통정리가 된다. 세무사에게는 고객사의 수많은 질문을 들으면서 핵심을 파악하는 능력이 이미 키워져 있기 때문이다. 어느 교정 편집자가 쓴 글을 본 적이 있다. 교수님들이 책 초안을 작성한 이후에 글이 교정 편집자에게 넘어간다. 그 글에는 문맥이 맞지도 않는 문장들이 빼곡히 채워져 있다. 바쁜 교수들은 그것을 수정해 넘길 필요성을 인지하지 못한다. 교정 편집자가 있는데 왜 자기가 해야 하느냐고 생각하는 것일까?

그 교수와 고객사 사장님은 같다. 대부분의 고객사 사장님은 제대로 고민하지도 않은 상태에서 전화 버튼부터 누르기에, 늘 질문이 뭔지 모르고 있다. 그렇게 반복되는 질문 속에서 세무사에게는 핵심을 파악하는 능력이 생길 수밖에 없다. 결국 질문을 정리하는 데 몇 분이면 된다.

시간이 별로 소모되지 않으니 그냥 해주자는 말인가? 그건 아니다. 우리가 그들의 고민을 정리하고 해결해 주는 진짜 이유는, 얻는 것이 크기 때문이다. 우리가 사장님의 문제를 해결하는 데 조력하면 그는 세무사에게 의지하게 된다. 사업하는 사람이면 누군가에게 의지가 되는 사람이 된다는 것의 의미를 너무나도 잘 안다. 그것은 바로 '기회'다. 게다가 누군가에게 필요한 사람이 된다는 것은 얼마나 멋진 일인가.

혹시나 아직도 고개를 끄덕이지 못하는 세무사가 있다면 이렇게 말할 수밖에 없다. 고객사에서 세금 이외의 용건으로 전화했을 때 무조건 모른다고 이야기할 것인가? 그러면 그것을 해결해 주겠다는 세무사들에게 거래처를 빼앗길 텐데? 사장님은 세무사에게 질문해 보고 해결되지 않으면 다른 사장님에게 SOS를 칠 것이다. 그럼 다른 사장은 본인의 세무사는 이런 문제를 다 도와준다면서 소개할 것이다. 사장님은 소개받은 세무사를 통해 본인의 문제는 간단히 해결할 수 있는 사안임을 알게 되고, 기존 세무사에게는 계약 해지를 통지한다. 이래도 안 할 것인가?

하고 말고는 우리가 선택할 수 있는 문제가 아니다. 어느 정도 선에서 해결할 것인지가 문제인데, 그것은 앞의 답변처럼 교통정리 정도의 역할이라 생각하면 된다.

세무사가 통합 솔루션이 가능한 이유

고객사의 문제를 파악했다면, 다음은 그 일을 해결할 수 있는 전문가를 연결해야 한다. 통합 솔루션이란 별것이 아니다. 각 분야의 전문가를 섭외하는 것이다. 전기주 세무사가 문제를 진단한다. 그 분야의 전문가에게 연결해 해결한다. 그럼 전기주 세무사는 통합 솔루션을 제공하는 회사를 운영하는 사람이 되는 것이다.

세무사는 고객사와 가장 긴밀하게 연결된 사람이라는 것을 다른 분야에 종사하고 있는 사람이라면 다 잘 알고 있다. 상표권등록이라는 수익사업을 하기 위해 변리사에게 직접 영업하는 것보다는 많은 세무사들과 네트워크를 구축해 놓는 것이 훨씬 편한 이유이다.

세무사를 통하면 고객을 확보하기 위한 영업비용이 거의 들지 않는다. 주기적으로 관리하지 않아도 된다는 이점도 있다. 실제 계약으로 일어날 확률도 직접 영업하는 것보다 훨씬 높다. 고객은 이미 세무사를 통하면서 더 알아보지 않아도 된다고 생각하기 때문이다. 그만큼 신뢰한다는 말이다. 즉 다른 분야의 전문가들에게 세무사를 알아두는 것은 매우 편리한 영업 루트를 확보하는 것이 된다.

좋은 영업 루트인 세무사가 자문위원으로 위촉한다는 것을 거절할 사업가는 전혀 없다. 가만히 있어도 계약확률이 높은 일을 가져다주는 사람을 뭐하러 내치겠는가. 세무사가 말도 안 되는 요구를 하거나 이상한 생각을 가지고 있지 않은 한 말이다. 우리 모두는 협업하는 관계다. 그들은 일을 받고, 우리는 해결사가 되어 신뢰를 얻는 일을 하는 것이다. '우리가 일을 물어다 줬는데 네가 감히 나한테 이런 대우를 한단 말야?'라는 생각만 하지 않는다면, 협업 관계를 구축하고 유지하는 것이 모두가 원하는 방향이다.

전문가를 섭외하고 네트워크를 구축하라

당신이 질문받는 모든 분야의 전문가들과 만나고, 같이 고민하며 네트워크를 구축하라. 고객사에게 도움도 줄 수 있고 우리도 폭넓은 시각을 가질 수 있다. 나의 영역이 아니니 도와줄 수 없다고 선을 긋는 것보다 훨씬 낫다. 마음 한편으로 부담감은 가질 수 있다. 저 사람이 과연 이 분야의 진짜 전문가인가 하는 의구심 때문이다. 실력이 부족한 사람을 소개받을 수도 있으니 말이다.

그러나 나는 세무사의 감각을 믿는다. 우리는 어느 누구보다 다양한 부류의 사람과 만나고 관계를 유지한다. 본능적으로 이 사람이 경험이 많은 사람인지 아닌지, 진짜 전문가인지 전문가 행세를 하는 사람인지 알 수 있을 것이다. 전문가는 전문가를 알아보게 되어 있는 법이다. 고객사 사장님이 직접 전문가를 알아보는 것보다 세무사가 이상한 사람과 계약하게 될 확률을 훨씬 낮출 수 있다. 일을 계속하다 보면 그 인력 풀도 더 업그레이드될 것이니, 처음부터 모두 만족하려고만 하지 않으면 전문가를 섭외해 네트워크를 구축하는 일은 상상만큼 어렵지 않을 것이다. 그리고 그 일은 당신을 다른 세무사와 차이 나게 하는 특별한 전략이 되어줄 것이다.

잘 버려야 잘한다

'갈림길'에 서 있다는 생각을 버리자

최근에는 회귀물이 소설 분야의 베스트셀러로 많이 등장하는 것 같다. 그간 쌓여 있던 경험이나 지식을 가지고 과거로 돌아간다면 성공할 수 있을 텐데, 하는 욕망이 사람들에게 많기 때문인 것 같다. 부동산 가격이 폭등하니 대출받아 아파트만 샀더라면, 코로나 시대 때 모두가 망한다고 말하는 코스피 1600 때 주식을 샀더라면, 블록체인을 제로금리 시절에 샀더라면 부자가 되었을 텐데……. 이런 생각을 하는 이유는 아마도 사람들이 그때를 '갈림길'이라고 생각해서일 것이다.

세무사 시험에 합격하고 나서 근무세무사로 경험을 쌓겠다고 선택한 것도, 어느 세무법인에 가는 것이 좋을까 하는 고민으로 세무법인의 평가 후기를 찾아보는 것도, 모두 그때가 갈림길이라고 생각해서일 것이다. 나 역시 그 시절이 세무사로서 내 진로 선택의 중요한 기로라 생각했다. '어떤 세무법인에서 특정 분야에 노하우를 가지고 있는지 정보를 얻는 것이 나의 미래를 바꿀 수 있다'는 생각에 사로잡혀 있었다. 그 이상을 보지 못한 그때의 나에게 얼른 말해주고 싶다. 그것은 갈림길이 아니라고. 갈라지는 때는 내가 어떤 마음을 먹기에 따라서 필연적으로 변동되는 것이라고. 지금은 갈림길이 아니라 내 생각의 뿌리와 방향을 정해야 할 시기라고 말이다.

합격 후 모두가 갈림길이라고, 중요한 선택의 기로라고 생각할 때는 사실 버려야 할 때이다. 굳건한 생각의 뿌리를 내리기 위해 학생의 옷을 버려야 하는 시기다. 이제 스스로를 사장이라고 생각하는 인지 혁명이 필요할 때다.

스스로를 사장님이라고 생각한 수습세무사

내가 근무세무사 때 그 세무사를 만났던 것은 아주 큰 행운이었다. 우연히 참여한 교육에서 만난 세무사였다. 이야기를 나누며 그의 수습 시절 경험을 들을 수 있었다. 내가 '세무법인에 수습으로 일하며 단순한 입력만 죽도록 하는데, 여기서 무슨 세무 일을 배울 수 있단 말인가'라고 투덜거리고 있을 때였다. 그 시절의 그는 수습 때 대표세무사의 고민을 읽었다고 한다. 장기 미수업체가 있었는데 세무사님이 골머리를 앓고 있다는 것을 알게 된 것이다.

그것을 해결하기 위해 일이 끝나고 장기 미수업체 사업장을 찾아가 몇 번을 이야기했다고 한다. "사장님, 저는 수습세무사이고 사장님 사업장 장부를 맡고 있는데요. 사장님이 미수금만 해결해 주시면 제가 책임지고 그 이상 세금을 줄여드릴게요. 제가 대표세무사님께 인정받을 수 있게 한 번만 도와주세요"라고 말이다.

처음에는 사장님도 신출내기 세무사가 찾아왔다고 해서 여지껏 주지 않던 돈을 주려는 생각이 들지는 않았을 것이다. 그런데 몇 번 반복되니 아마 사장님에게도 감정적인 동요가 일어나지 않았을까. '아, 수습이라는 저 세무사, 나이도 많아 보이지 않는데. 찾아와서 돈 달라고 하는 모습을 보니 도움을 주고 싶은 생각이 드는구나. 무리한 요구를 하는 것도 아니고 언젠가 내가 줘야 할 돈을 차일피일 미루다 보니 쌓여 있던 것인데, 일부러 찾아와서 읍소하니 줄 명분도 생기고, 좋은 기회네. 이번에 미수금 정리해야겠다. 대표세무사한테 인정받을 수 있다는데 좀 도와주지 뭐' 이런 생각이 들었던 것 같다. 수습세무사였던 시기에 1천만 원 가까이 장기미수금을 받아냈다는 것이다. 이 일로 그는 다른 수습세무사가 60만 원 받으면서 일할 때 (옛날에는 수습세무사 때는 월급을 받지 않고 일하는 곳도 많았다) 2~3년 차 근무세무사만큼 월급을 받는 계기가 되었다고 한다.

사장이 될 것인가, 직원이 될 것인가

나의 과거는 어땠나. 세무법인에 수습세무사로서 출근할 때 내가 가졌던 고민은 어떻게 하면 원래 있던 직원과 빨리 친밀해져서 일을 편하게 배울 수 있을까였다. 세무사들이 많이 가입되어 있는 카페에서 '수습세무사가 출근 때 지켜야 하는 것'을 검색했더니 많은 조언이 있었다. 30분 먼저 출근해서 청소를 하라, 선배 세무사에게 줄 커피를 타놓아라, 사무장이 실세인 세무법인에서는 그를 먼저 잡아야 한다 등이었다. 근무세무사들이 수습세무사를 위해 적은 글이라, 지금 생각해 보면 답변 수준이 낮을 수밖에 없긴 하다. 나 역시 뛰어난 세무사는 아니었기에 그때의 나에게는 맞는 조언이었을 것이다. 그래도 너무 부족한 사고였다. 도대체 무엇이 달랐던 것일까? 미수금을 해결한 수습세무사와 과거의 내가 달랐던 것은 하나다. 그는 수습 때부터 사장의 마인드였고, 나는 시키는 일을 하는 직원일 뿐이었다는 것이다.

이 책을 읽고 있는 세무사, 혹은 지망생이라면 생각을 바꿔라. 당신은 세무사다. 수년간 자격증을 얻기 위해 피 터지는 노력을 했고 경쟁에서 살아남았다. 수험생에서 자격사로 말이다. 잘 배우려고 노력해야 할 것이 아니다. 언제까지 배우기만 한단 말인가. 그리고 배우는 건 당신에게 월급 주는 곳에서 하는 것이 아니다. 잘 알려주는 강의가 너무나도 많다. 공부에 목마르면 그런 강의를 들어라.

정말 필요한 것은 당신은 이제 그 세무법인에서 소사장이라는 생각이다. 직원들과 원만한 관계를 위해 어떤 노력을 할까에만 관심을 가질 것이 아니란 말이다. 관리자, 아니 사장이라고 생각해서 그들의 생각 위에 있어야 한다. 군림하라는 말이 아니다. 그들에게 월급 주는 사장이라고 스스로를 생각해야 된다는 말이다. 그 생각의 뿌리는 몇 년 지나지 않아 당신에게 갈림길을 보내줄 것이다. 파트너 세무사로서 고액 연봉을 받으며 계속 근무하거나, 개업 세무사로서 출발하는 두 가지 중에 하나를 선택할 수 있다. 생각의 뿌리가 없는 세무사는 여전히 불만 가득한 얼굴로 툴툴거리며 불평 속에 절어 있는 상태일 때, 당신은 빛나는 사람이 되어 있을 것이다. 빛은 어디로 뻗어나가도 여전히 빛난다.

고민을 사주는 사장으로 변신하라

돈을 버는 것은 누군가의 고민을 사주는 것으로 이루어진다. 수습세무사는 일을 잘 알려줄 수 있는 시스템이 있는 곳으로 가서 배워야 한다고 생각하는 것은 맞지 않다. 그런 생각으로는 죽었다가 다시 태어나도 대표세무사의 세무 지식보다 나아질 수 없다. 당신의 역량이 대표세무사보다 못해서가 아니다. 당신은 여전히 배우려는 학생이고, 대표세무사는 모든 것을 책임져야 하는 사장이기 때문에 발생하는 차이다.

환복하라. 고민을 사줄 수 있는 사장으로 변신하라. 애벌레가 번데기가 되고, 그것을 부수고 나와 날개를 달고 날 준비를 하라.

스스로 생각하라. 나는 이제 애벌레가 아니고 나비라고. 대표세무사의 고민도 사주고, 고객사의 고민도 사주고, 직원의 고민도 사줘라. 다 사줘라!

개업 초기, 자존심은 버리고 출근하자

창업을 하기로 결심했다면 가져야 하는 것은 단 하나. 남들이 나를 인정해 주기를 바라는 마음, 그 자존심을 버리는 것이다. 당신은 이제 든든했던 대표세무사의 그늘을 벗어나 새로운 출발을 하기로 다짐했다. 누구도 처음 시작하는 당신을 인정해 주지 않는다. 이제 처음 장사하는 신출내기일 뿐이다. 고객사가 당신에게 조심스럽게 대했던 이유 중 하나는 대표세무사의 입김 덕분이었다는 사실을 알게 될 것이다. 든든한 뒷배가 없다는 것이 얼마나 서러운지 느끼게 되는 것이다. 근무세무사 시절 선배 세무사에게 '꼰지'를 먹는 것은 아무것도 아닌 해프닝에 불과하다는 것을 알게 될 것이다. 시장은 그렇게도 나에게 매몰차다. 언제까지 이 한파가 지속될 것인지, 기약도 할 수 없을 것이다.

어떻게 그 시기를 버티지? 어렵게 생각하지 말자. 남들이 나를 인정해 주기를 바라는 마음, '내가 세무사인데'라는 자존심만 버리면, 당신이 서 있는 개업 시장이 춥기는 하겠지만 얼어 죽지는 않을 것이다.

그럼 자존심을 버리고 난 다음에는 무엇을 하면 되는가? 인정받도록 일하면 된다. 더 많이 알기 위해 노력해야 한다. 그 노력은 시간이 지나면 예전에 근무했던 사무실이나 기라성 같은 선배 세무사들보다도 멋진 결실로 돌아올 것이다. 왜냐고? 선배 세무사님들은 이제 살 만하지 않은가. 한편으로는 더 나은 서비스를 위해 노력하는 시간이 줄어들지 않을까? 당연하다.

사람이 평생 쏟아낼 수 있는 에너지에는 한계가 있다. 총량의 법칙이 존재한다. 힘이 슬슬 빠지고 있다. 그래서 그렇게들 돈을 많이 가지고 있는 나이 많은 할버지들이 속으로 이런 생각을 하는 것이다. '젊음을 돌려다오. 무엇이든 도전할 수 있었던 그때로만 간다면 다 놓을 수 있을 텐데.'

그들에게 에너지가 넘치는 당신은 두려움의 대상이다. 그런데 스스로를 부족하다고 생각하는, 자존심을 버린 사람이라면 더 무섭다. 스스로 상황을 알고 있는 세무사가 부단한 노력을 하며 치고 올라가는 모습을 보면 두렵고 자극도 받는다. 당신에게는 그런 자극을 줄 수 있는 충분한 능력이 있다. 자격증을 취득하고, 소사장이 되었다는 마음으로 몇 년을 노력한 당신은 이제 예전 대표세무사의 그늘에서 벗어나 그들에게 자극을 줄 수 있는 에너자이저가 될 수 있다.

안정화 시기에는 욕심을 버려야 한다

한 업체에게 오랫동안 시달렸다. 연말에도 긴급한 일이라며 가족과 휴가 중에도 통화를 요청하며 괴롭혔다. 실제로는 긴급하지도 않았는데, 당시 본인의 기분만으로 행동하는 그 사장에게 나는 지쳐갔다. 하지만 바로 포기할 수는 없었다. 내가 얼마나 일을 잘하는지, 정말 제대로 느끼게 한 뒤에 당당하게 계약 해지를 하고 싶었다. 어느 세무법인과 새로운 계약을 하더라도 마음 한쪽에 아쉬움이 들게 하고 싶었다. '아, 그래도 전기주 세무사가 일을 탁월하게 잘했구나'라는 생각이 들게 하고 난 이후가 계약을 해지할 시기라 생각했다.

그런데 어찌하다 보니 생각대로 되지 않고 계약해지 통보가 빨리 이루어졌고, 이전할 세무법인의 선배 세무사와 미팅을 하게 되었다. 회사의 주요 사안들에 대해 통지하고 세무사가 가질 수 있는 위험에 대해서도 이야기를 나누었다. 그 후 세무사의 말씀이 "세무사님, 기존에 받던 수임료에 비해 일이 너무 많습니다. 나는 이것의 2배 이상은 더 받아야겠습니다"라는 것이었다.

마음 한편으로 걱정이 되었다. 돈이라는 것에 욕심이 들어가기 시작하면 오히려 버는 것보다 시간 소모가 더 많아지기 때문이다. 돈을 주는 사람의 보상심리가 발생해서다. '내가 이만큼 주는데 이 정도는 요구할 수 있지, 혹은 이 정도도 못 해줘?' 이런 생각들 말이다. 그래서 "너무 많이 청구하면 보상심리가 생기지 않을까 걱정됩니다"라고 솔직히 말씀드렸다. 그런데 그때 선배 세무사께서 한 이 한마디가 나를 한 단계 성장시키는 계기를 마련해 주었다.

"그럼 안 하면 되지요. 제대로 돈을 못 받으면 일 안 합니다. 다 해주고 욕먹나, 돈이라도 제대로 받고 욕먹나 같은 겁니다."

사실이다. 틀린 말 하나 없다. 내가 고객사와의 계약을 해지할 때 늘 경계하는 것이 있다. '내가 배가 불러 이 해지가 일어나는 것은 아닐까?'라는 생각이다. 몇 번을 생각한다. 작은 불똥이 번져 산불이 될 수도 있다는 경계심이 강하게 일기 때문일 것이다. '불쌍하기도 하지. 고객사를 확보하는 것에 얼마나 스트레스를 받아서 저럴까', '직원들도 더 안정적인 생활을 하게 하기 위해서 부담감을 얼마나 가지고 있었을까' 그런 생각에 나 스스로가 불쌍하다.

선배 세무사의 말처럼 내가 생각하는 일에 적절한 대가를 받지 못한다면 하지 말자. 이것은 진리와 같다. 다 가지려고 욕심을 부리면 잡으려는 손가락 사이로 그것이 조금씩 빠져나가기 시작해, 결국은 하나도 남지 않은 빈손이 된다. 너무 고객사의 수를 늘리려고 애쓰거나 현재 상태를 애써 유지하려는 데에만 집중하면, 쥐도 새도 모르게 내 손가락 사이로 하나둘씩 새어나간다. 고객사에게 얻어야 할 인정도 너무 과한 기준을 잣대로 삼으면 정작 중요한 스스로의 가치가 낮아져 무언가가 새어나간다. 내가 고객사의 문제 해결사가 되어야겠다는 마음이 심해지면 새어나간다.

놓아버릴 줄도 알아야 한다. 그래야 일이 된다. 일에 소신이 생겨 결국은 모든 것이 바로잡히게 된다. 그렇게도 잃지 않으려 애썼던 모든 것을 '그만 다 없어져 버려라'라고 생각하면, 비로소 온전히 내 몸의 일부가 되어 남게 된다.